쏙쏙! 머리에 들어오는 한자, 척척! 붙는 한자능력검정시험!

재미있는 원리로 배우는
한자능력검정시험

5급

이수철 편저

정진출판사

이 책의 특징과 활용법

우리는 지금 21세기의 급변하는 글로벌시대를 살고 있습니다. 특히 한반도가 자리한 동아시아에서 한자는 역사나 문화의 영역을 넘어서 정치·경제사회, 그리고 최첨단 정보사회로까지 그 영향력을 확장하고 있습니다. 많은 부분이 한자로 기록되어 있는 우리의 역사를 알기 위해 우리는 한자를 배워야 합니다. 거기에 더해 급속히 세계의 중심이 되어가고 있는 한자문화권의 주역이 되기 위해서도 우리는 결코 한자를 외면할 수 없습니다.

이제 우리에게 한자는 더 이상 선택과목이 아닙니다. 그런데 우리의 현실은 어떠한가요? 고등학교를 졸업하고도 자기 이름자나, 어머니 아버지의 성함조차 한자로 쓰지 못하는 사람들이 많습니다. 우리의 이 부끄러운 신문맹(新文盲)의 정도는 진정 우려할 만한 사태입니다.

신문맹을 떨치고 일어나 글로벌 경쟁력을 다지기 위한 한자의 필요성은 미래를 살아갈 젊은 세대들이라면 누구나 인정하는 터. 더구나 한자를 알면 중국어나 일본어도 70% 이상 습득한 셈이라는 말도 있지 않은가요? 그렇지만 숨 가쁜 현대를 살아가는 우리에게 옛날 서당식으로 무조건 외우는 한자 습득방식은 적합하지 않습니다.

먼저 인간의 두뇌 구조부터 살펴봅시다. 우리의 두뇌는 좌뇌와 우뇌로 되어 있습니다. 문자나 언어는 좌뇌가, 그림이나 음악은 우뇌가 맡습니다. 부수나 획이 복잡한 한자는 물론 좌뇌가 담당하는 영역입니다.

한자는 영어 알파벳이나 일본어의 가나 등과는 달리 그림문자입니다. **문자를 그림으로 인식하는 방법을 익혀 우뇌도 함께 학습에 도움이 되도록 한다면 보다 쉽게, 그리고 재미있게 한자를 익힐 수 있습니다.**

뜻글자인 한자를 도움말을 이용해 어원으로 접근하고 그림으로 이해하도록 꾸며진 이 책의 특징은 다음과 같습니다.

컴퓨터로 분석한 출제빈도 높은 활용어 정리

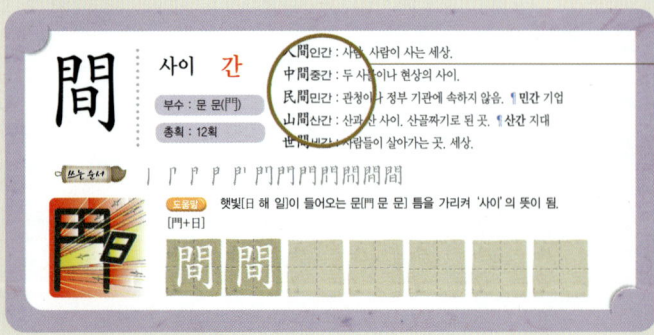

○ 그동안 출제되었던 용례들을 컴퓨터로 철저히 분석하여 가장 빈도수 높은 활용어를 중복 없이 풀이와 함께 수록하였다.

한눈에 들어오는 짜임새 있는 편집 체재

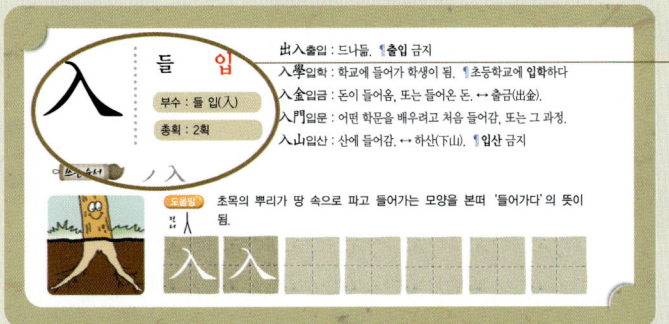

- 각 한자에 대한 음훈·부수·총획수·필순 등을 한눈에 알아볼 수 있도록 짜임새 있게 정리하였다.

재미있는 한자의 구성 원리를 그림과 함께 해설

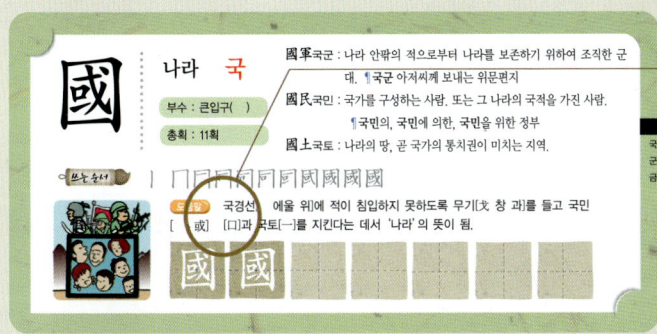

- 뜻글자인 한자를 도움말을 이용해 어원으로 접근하고 그림으로 이해하도록 하여 한자를 보다 쉽게, 그리고 재미있게 익힐 수 있도록 하였다.

한자를 쓰면서 익힐 수 있도록 연습란 구성

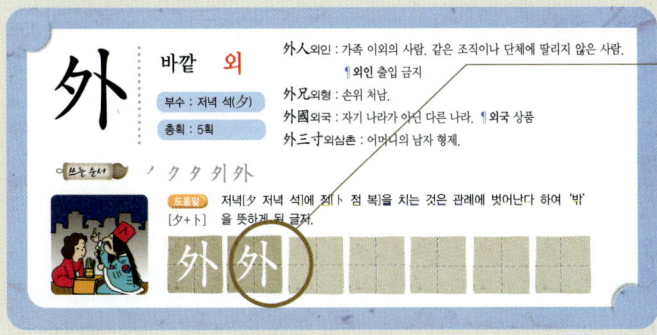

- 한자를 익히기 위한 가장 좋은 방법은 눈으로 많이 보고 또 자주 써 보는 것이다. 원리와 함께 배운 한자를 완전히 익힐 수 있도록 연습란을 구성하였다.

기출 및 예상문제 5회분 수록

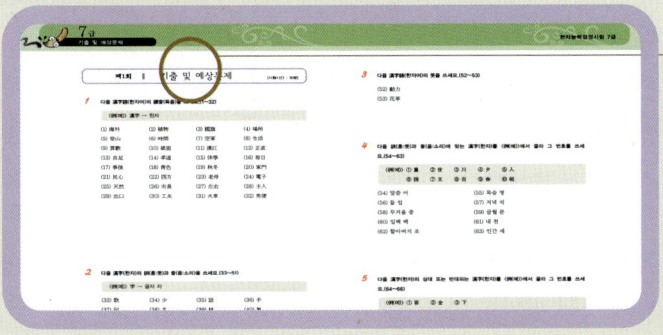

- 그동안 출제되었던 문제들을 철저히 분석하여 시험에 완벽하게 대비할 수 있도록 출제 예상 가능한 문제를 5회분 수록하였다.

한자능력검정시험 안내

 한자능력검정시험이란?

한자능력검정시험이란 사단법인 한국어문회가 주관하고 한국한자능력검정회에서 시행하는 제도로서, 학생과 일반인들의 진학과 취업에 대비하여 평생학습의 하나로 익힌 한자능력을 객관적으로 평가, 인정받을 수 있는 길을 마련하여, 공공기관이나 기업체의 채용시험, 인사고과, 대입 수시모집 또는 각종 자격시험 등에 활용할 수 있게 하는 시험입니다.

 한자능력검정시험 안내

주 관 : 사단법인 韓國語文會(한국어문회 ; 서울특별시 서초구 서초1동 1627-1 교대벤처타워 501호, ☎ 02-6003-1400, 팩스 02-6003-1441)

시 행 : 韓國漢字能力檢定會(한국한자능력검정회)

시험일정 : 연 3회
  ○ 교육급수는 4급~8급, 공인급수는 1급~3급Ⅱ.

응시 자격
  ○ 1급~8급 → 전 급수 응시 제한 없음. 각자 능력에 맞게 급수를 선택하여 응시.

접수방법
  - **인터넷 접수**(www.hangum.re.kr) → 사전에 인터넷 접수 회원으로 신규지원 등록한 후, 인터넷 접수 기간 중 지원 급수와 고사장을 선택하고, 신용카드 및 계좌이체 방식으로 결제하고 수험표를 출력함.
  - **접수처 방문 접수** → 준비물 : 반명함판 사진 3매(3×4cm), 한자 성명, 주민등록번호, 전화번호, 우편번호, 정확한 급수증 수령 주소(잘못 기재 시 급수증이 반송됨), 응시료(현금).
  - **우편 접수**(1급 지원자만 가능) → 접수처 방문 접수 준비물, 검정료 우편환 영수증을 동봉하고, 희망 1급 고사장을 명기하여 등기우편으로 발송. 주소 : (137-879)서울특별시 서초구 서초1동 1627-1 교대벤처타워 401호 한국한자능력검정회 1급 접수담당자

시험 준비물 : 신분증(중·고생은 학생증 지참, 초등학생·미취학아동은 건강보험증 또는 주민등록등본 지참), 수험표, 검정색 필기구(볼펜 또는 플러스펜)
  ※ 연필과 빨간색 펜은 절대 사용 못함.

시험 응시료

구 분	1급	2급, 3급, 3급Ⅱ	4급, 4급Ⅱ, 5급, 6급	6급Ⅱ, 7급, 8급
응시료	35,000	18,000	13,000	12,000
인터넷 접수 응시료	36,800	19,300	14,100	13,000

○ 창구 접수 응시료는 원서 접수일부터 마감시까지 해당 접수처 창구에서 받음. 인터넷 접수 응시료는 기본 응시료에 1급은 1,800원, 2급~3급Ⅱ은 1,300원, 4급~6급은 1,100원, 6급~8급은 1,000원의 접수 수수료가 추가됨.

급수 배정

급수	읽기	쓰기	수준 및 특성
8급	50자	없음	미취학생 또는 초등학생의 학습동기 부여를 위한 급수
7급	150자	없음	한자 공부를 처음 시작하는 분을 위한 초급단계
6급Ⅱ	300자	50자	한자 쓰기를 시작하는 첫 급수
6급	300자	150자	기초 한자 쓰기를 시작하는 급수
5급	500자	300자	학습용 한자쓰기를 시작하는 급수
4급Ⅱ	750자	400자	5급과 4급의 격차를 해소하기 위한 급수
4급	1,000자	500자	초급에서 중급으로 올라가는 급수
3급Ⅱ	1,500자	750자	4급과 3급의 격차를 해소하기 위한 급수
3급	1,817자	1,000자	신문 또는 일반 교양서를 읽을 수 있는 수준
2급	2,355자	1,817자	일상 한자어를 구사할 수 있는 수준
1급	3,500자	2,005자	국한 혼용 고전을 불편없이 읽고, 공부할 수 있는 수준

○ 상위급수 한자는 하위급수 한자를 모두 포함.

합격 기준

구 분	1급	2급	3급	3급Ⅱ	4급	4급Ⅱ	5급	6급	6급Ⅱ	7급	8급
출제문항수	200	150	150	150	100	100	100	90	80	70	50
합격문항수	160	105	105	105	70	70	70	63	56	49	35

○ 1급은 출제 문항수의 80% 이상, 2급~8급은 70% 이상 득점하면 합격.

시험 시간

구 분	1급	2급	3급	3급Ⅱ	4급	4급Ⅱ	5급	6급	6급Ⅱ	7급	8급
시험 시간	90분	60분			50분						

출제 유형

쓰기 배정한자는 한두 급수 아래의 읽기 배정한자이거나 그 범위 내에 있습니다. 아래의 출제 유형 표는 기본 지침자료로서, 출제자의 의도에 따라 차이가 있을 수 있습니다.

구 분	1급	2급	3급	3급Ⅱ	4급	4급Ⅱ	5급	6급	6급Ⅱ	7급	8급
읽기배정한자	3,500	2,355	1,817	1,500	1,000	750	500	300	300	150	50
쓰기배정한자	2,005	1,817	1,000	750	500	400	300	150	50	0	0
독 음	50	45	45	45	30	35	35	33	32	32	24
훈 음	32	27	27	27	22	22	23	22	29	30	24
장단음	10	5	5	5	5	0	0	0	0	0	0
반의어	10	10	10	10	3	3	3	3	2	2	0
완성형	15	10	10	10	5	5	4	3	2	2	0
부 수	10	5	5	5	3	3	0	0	0	0	0
동의어	10	5	5	5	3	3	3	2	0	0	0
동음이의어	10	5	5	5	3	3	3	2	0	0	0
뜻풀이	10	5	5	5	3	3	3	2	2	2	0
필 순	0	0	0	0	0	0	3	3	3	2	2
약 자	3	3	3	3	3	3	3	0	0	0	0
한자쓰기	40	30	30	30	20	20	20	20	10	0	0
출제문항(계)	200	150	150	150	100	100	100	90	80	70	50

출제 예시

독 음 (讀音)
▶ 다음 漢字語의 讀音을 쓰시오.
  • 韓國(   )
  [한자의 소리를 묻는 문제. 독음은 두음법칙, 속음 현상, 장단음과도 관련이 있음.]

훈 음 (訓音)
▶ 다음 漢字의 訓과 音을 쓰시오.
  • 韓(   )
  [한자의 뜻과 소리를 동시에 묻는 문제. 특히 대표 훈음을 익히도록 함.]

장단음 (長短音)
▶ 다음 漢字語 중 첫소리가 長音인 것을 골라 그 기호를 쓰시오.
▶ 위 글의 밑줄 친 漢字語 중에서 첫소리가 長音인 것을 골라 그 번호를 쓰시오.
  [한자 단어의 첫소리 발음이 길고 짧음을 구분하고 있는가를 묻는 문제. 4급 이상에서만 출제.]

반의어 (反義語)
상대어 (相對語)
▶ 다음 漢字와 뜻이 反對 또는 相對되는 漢字를 써넣어 漢字語를 만드시오.
  • 內(   )
▶ 다음 漢字語의 反義語 또는 相對語를 漢字로 쓰시오.
  • 原因(   )
  [어떤 글자(단어)와 반대 또는 상대되는 글자(단어)를 알고 있는가를 묻는 문제.]

완성형
(完成型)
▶ 다음 빈칸에 漢字를 써넣어 成語를 完成하시오.
- 事必（　）正
[고사성어나 단어의 빈칸을 채우도록 하여 단어와 성어의 이해력 및 조어력을 묻는 문제.]

부　수
(部首)
▶ 다음 漢字의 部首를 쓰시오.
- 韓（　　）
[한자의 부수를 묻는 문제. 부수는 한자의 뜻을 짐작할 수 있는 중요한 부분임. 4급Ⅱ 이상에서만 출제.]

동의어
(同義語)
유의어
(類義語)
▶ 다음 漢字와 뜻이 비슷한 글자를 漢字로 적어 單語를 完成하시오.
- 音（　）

▶ 다음 漢字語의 類義語를 漢字로 쓰시오.
- 年歲（　　）
[어떤 글자(단어)와 뜻이 같거나 유사한 글자(단어)를 알고 있는가를 묻는 문제.]

동음이의어
(同音異義語)
▶ 다음 漢字語의 同音異義語를 하나씩만 漢字로 쓰시오.
- 空中 ―（　　）
[소리는 같고, 뜻은 다른 단어를 알고 있는가를 묻는 문제.]

뜻풀이
▶ 다음 漢字語의 뜻을 쓰시오.
- 內外 ―（　　　　）
[고사성어나 단어의 뜻을 제대로 알고 있는가를 묻는 문제.]

필　순
(筆順)
▶ 父자의 삐침(丿)은 몇 번째에 쓰는지 번호로 답하시오.
▶ 右자의 쓰는 순서가 올바른 것을 고르시오.
▶ 右자에서 ㉠획의 쓰는 순서를 아래에서 골라 번호를 쓰세요.
- 右㉠
[글자를 바르게 쓰도록 하기 위해 쓰는 순서를 알고 있는가를 묻는 문제. 5급 이하에서만 출제.]

약　자
(略字)
▶ 다음 漢字의 略字를 쓰시오.
- 國（　　）
[한자의 획을 줄여서 만든 약자를 알고 있는가를 묻는 문제. 5급 이상에서만 출제.]

한자쓰기
▶ 다음 訓과 음을 지닌 漢字를 쓰시오.
- 나라 한（　）
▶ 다음 뜻에 알맞은 漢字語를 漢字로 쓰시오.
- 가정 : 한 가족이 살림하고 있는 집.（　　　）
▶ 밑줄 친 漢字語를 漢字로 쓰시오.
- <u>한국</u>은 아름다운 나라이다.（　　　）
[제시된 뜻, 소리, 단어 등에 해당하는 한자를 쓸 수 있는가를 확인하는 문제.]

☞ 위 출제 예시는 상황에 따라 약간 변동될 수도 있음.

우대 사항

- 자격기본법 제27조에 의거 **국가자격 취득자와 동등한 대우 및 혜택**
- 교육인적자원부 훈령 제616호『학생생활기록부 전산처리 및 관리지침』에 의거 **학교생활기록부에 등재, 입시에 활용**
- 육군간부 **승진 고과에 반영**(부사관 5급, 위관장교 4급, 영관장교 3급 이상)
- 경제5단체, **신입사원 채용 때 전국한자능력검정시험 응시 권고**(3급 응시 요건, 3급 이상 가산점)
- 2005학년도 대학수학능력시험부터 '漢文'이 선택과목으로 채택
- 전국한자능력검정시험의 한자능력급수 취득 시 **대입 면접 가산점, 학점, 졸업인증에 반영**

합격자 발표

ARS 060-800-1100 / www.hangum.re.kr

기타 문의

한국한자능력검정회
☎ 02)1566-1400(代), 팩스 02)6003-1414
인터넷 http://www.hanja.re.kr
주소 : (137-879) 서울특별시 서초구 서초1동 1627-1 교대벤처타워 401호

재미있는 원리로
배우는
한자능력검정시험

5급

可 옳을 가

- 부수 : 입 구(口)
- 총획 : 5획

可決가결 : 회의에서, 제출된 의안을 좋다고 인정하여 결정함. ¶만장일치로 **가결**하다
許可허가 : 청원 따위를 들어줌. 허락.
可能가능 : 할 수 있거나 될 수 있음. ¶통화 **가능** 지역
可望가망 : 될 만하거나 가능성이 있는 희망. ¶**가망**이 있다

쓰는 순서 : 一 丁 口 口 可

도움말 [丁+口] : 웃을 때 숨이 막히지 않고[丁(입 안 모양)] 목구멍으로 거침없이 나오듯 말[口 입 구]이 나오는 데서 '옳다', '허락하다'는 뜻이 됨.

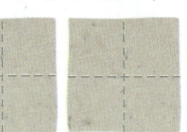 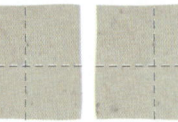 

加 더할 가

- 부수 : 힘 력(力)
- 총획 : 5획

加熱가열 : 어떤 물체에 열을 가함.
加速가속 : 점점 속도를 더함. ¶**가속**이 붙다
加工가공 : 원료나 재료에 손을 더 대어 새로운 물건을 만듦.
加算가산 : 더함. 더 보태어 셈함.
加入가입 : 단체나 조직 따위에 들어감. ¶회원으로 **가입**하다

쓰는 순서 : 丁 力 力 加 加

도움말 [力+口] : 힘써[力 힘 력] 일을 하고 나서 말[口 입 구]을 곁들인다는 데서 '더하다', '덧붙이다'는 뜻이 됨.

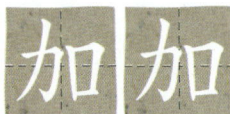 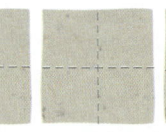 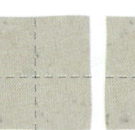 

價 값 가

- 부수 : 사람 인(亻)
- 총획 : 15획

價格가격 : 돈으로 나타낸 상품의 값. ¶**가격** 표시
物價물가 : 물건 값. 상품의 시장 가격. ¶**물가** 조절
油價유가 : 석유의 가격.
定價정가 : 상품의 정한 값. ¶**정가** 판매
高價고가 : 값이 비쌈. 비싼 값. ¶**고가**의 물건

쓰는 순서 : 亻 亻 亻 亻 价 价 俨 俨 價 價 價 價 價

도움말 [亻+賈] : 사람[亻=人 사람 인]이 가게[賈 앉은장사 고]에서 물건을 사고팔 때의 가격으로, '값', '가치'의 뜻.

  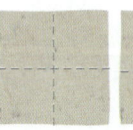 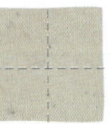 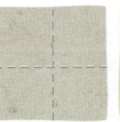 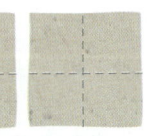

改 고칠 개

- 부수 : 둥글월문(攵)
- 총획 : 7획

改良개량 : 고치어 좋게 함. ¶품종 **개량**
改善개선 : 잘못된 점을 고치어 잘 되게 함. 좋은 방향으로 고침. ¶체질 **개선**
改正개정 : 주로 문서 내용 따위를 고쳐 바르게 함. ¶헌법 **개정**
改名개명 : 이름을 고침. 또는 고친 이름.

쓰는 순서 : 一 コ 己 己' 己ケ 改 改

도움말 [己+攵] 스스로 자신[己 자기 기]의 잘못을 쳐서[攵=攴 칠 복] 바로잡는다는 데서 '고치다'의 뜻이 됨.

客 손 객

- 부수 : 갓머리(宀)
- 총획 : 9획

客席객석 : 연극·영화 따위를 구경하는 사람들이 앉는 자리.
主客주객 : 주인과 손. 주되는 사물과 그에 딸린 사물.
觀客관객 : 공연 따위를 구경하는 사람. ¶100만 **관객** 돌파
觀光客관광객 : 관광을 하러 다니는 사람.
客室객실 : 손님을 접대하거나 거처하게 하려고 마련한 방.

쓰는 순서 : 丶 丶 宀 宀 ⱷ 灾 客 客 客

도움말 [宀+各] 다른 곳에서 집[宀 집 면]을 찾아온 각각[各 각각 각]의 사람들로, '손님', '나그네'를 뜻함.

去 갈 거

- 부수 : 마늘모(厶)
- 총획 : 5획

去來거래 : 주고받음. 또는 사고 팖. ¶상품 **거래**
過去과거 : 지난 일. 지난날의 생활. ¶**과거**의 잘못을 뉘우치다
去勢거세 : 저항하거나 반대하는 세력을 꺾어 버림. ¶반대파를 **거세**하다

쓰는 순서 : 一 十 土 去 去

도움말 [土+厶] 사람[土←人 사람 인]이 밥그릇[厶(밥그릇 모양)]을 버리고 떠나는 모양에서 '가다', '버리다'의 뜻이 됨.

擧 들 거

- 부수 : 손 수(手)
- 총획 : 18획

擧手거수 : 손을 위로 들어 올림.
選擧선거 : 일정한 조직이나 집단에서 그 대표자나 임원을 투표 등의 방법으로 뽑음. ¶국회의원 **선거**
擧行거행 : 행사나 의식을 차리어 치름. ¶결혼식을 **거행**하다
擧動거동 : 몸을 움직이는 짓이나 태도. ¶**거동**이 수상한 사람

쓰는 순서: 丶 ⺊ ⺊ ⺊ ⺊ ⺊ 臼 臼 卸 卸 與 與 與 與 擧 擧

도움말 [與+手] : 여러 사람이 함께[與 더불 여] 손[手 손 수]을 모아 물건을 드는 모양에서 '들다', '일으키다'의 뜻이 됨.

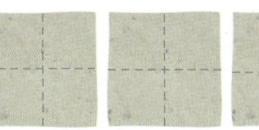

件 물건 건

- 부수 : 사람 인(亻)
- 총획 : 6획

物件물건 : 사고파는 물품. ¶**물건**을 사다
案件안건 : 조사하거나 토의해야 할 사항. ¶**안건** 처리
件數건수 : 사물·사건 따위의 수.
事件사건 : 문제가 되거나 관심을 끌 만한 일. ¶납치 **사건**
要件요건 : 요긴한 일이나 조건. ¶**요건**을 갖추다

쓰는 순서: 丿 亻 亻 仁 件 件

도움말 [亻+牛] : 사람[亻=人 사람 인]이 농가의 재산으로 특별한 소[牛 소 우]를 끌고 있는 모양에서 '물건', '구별하다'는 뜻을 나타냄.

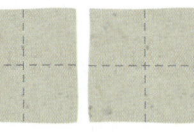

建 세울 건

- 부수 : 민책받침(廴)
- 총획 : 9획

建物건물 : '사람이 들어 살거나, 일을 하거나, 물건을 넣어 두기 위하여 지은 집'을 통틀어 이르는 말.
再建재건 : 다시 일으켜 세움.
建交部건교부 : '건설교통부'를 줄여 이르는 말.
建國건국 : 새로 나라가 세워짐, 또는 세움. 개국(開國).

쓰는 순서: 丨 フ ⺋ ⺋ ⺋ 聿 聿 建 建

도움말 [聿+廴] : 붓[聿 붓 율]을 세워 글을 써 내리는[廴 당길 인] 모양에서 '세우다'의 뜻이 됨.

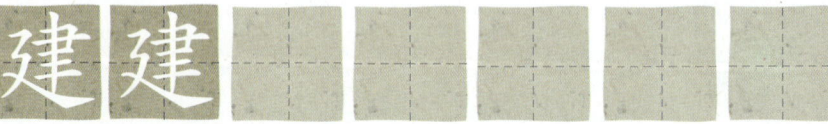

健

굳셀 건

- 부수 : 사람 인(亻)
- 총획 : 11획

健實건실 : 건전하고 착실함. ¶**건실**한 청년
健兒건아 : 씩씩하고 굳센 사나이. ¶용감한 대한의 **건아**
健全건전 : 몸이나 정신이 튼튼하고 온전함. ¶**건전**한 정신
強健강건 : 몸이 튼튼하고 굳셈. ¶**강건**한 체력.

쓰는 순서 : 丿 亻 亻 亻 亻 亻 亻 伊 伊 伊 健 健

도움말 [亻+建] : 서 있는[建 설 건] 자세가 바른 사람[亻=人 사람 인]의 모양에서 '굳세다', '건장하다'는 뜻이 됨.

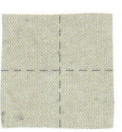 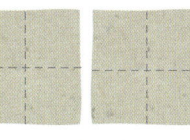  

格

격식 격

- 부수 : 나무 목(木)
- 총획 : 10획

規格규격 : 일정한 규정에 들어맞는 격식.
合格합격 : 채용이나 자격 시험 따위에 붙음. ¶대학에 **합격**하다
格式격식 : 격에 어울리는 일정한 방식. ¶**격식**을 갖추다
格言격언 : 인생에 대한 교훈이나 경계가 되는 짧은 말.
性格성격 : 각 개인이 가지고 있는 특유한 성질. 품성.

쓰는 순서 : 一 十 才 木 杙 杦 柊 柊 格 格

도움말 [木+各] : 각각[各 각각 각]으로 뻗어 자란 나무[木 나무 목]의 가지가 근본으로는 하나인 모양에서 '격식'의 뜻이 됨.

 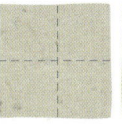 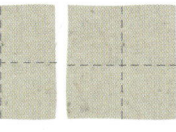  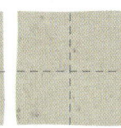

見

볼 견/뵈올 현

- 부수 : 볼 견(見)
- 총획 : 7획

見聞견문 : 보고 들어서 얻은 지식. ¶**견문**을 쌓다
意見의견 : 어떤 일에 대한 생각. ¶**의견**이 일치하다
見學견학 : 구체적인 지식을 얻기 위하여 실제로 보고 배움.
發見발견 : 미처 찾아내지 못하였거나 세상에 널리 알려지지 않은 것을 먼저 찾아냄. ¶신대륙의 **발견**

쓰는 순서 : 丨 冂 冃 冃 目 貝 見

도움말 [目+儿] : 사람[儿 사람 인]이 눈[目 눈 목]으로 본다는 데서 '보다', '나타나다'의 뜻을 나타냄.

 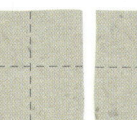 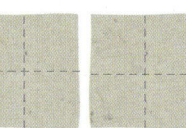  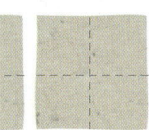

決

결단할 결
- 부수 : 삼수변(氵)
- 총획 : 7획

決定결정 : 결단을 내려 확정함, 또는 그 확정한 것이나 내용.
對決대결 : 양자가 맞서서 이기고 짐. ¶실력 **대결**
表決표결 : 어떤 안건에 대해 가부 의사를 표시하여 결정함.
代決대결 : 대리로 결재함, 또는 그런 결재.
決算결산 : 일정 기간의 수입과 지출을 마감하여 계산함.

쓰는 순서 : 丶 冫 氵 氵 冫 決 決

도움말 [氵+夬] : 물꼬[氵=水 물 수]가 잘 트이도록[夬 터놓을 쾌] 한다는 데서 '결단하다', '끊다'는 뜻이 됨.

結

맺을 결
- 부수 : 실 사(糸)
- 총획 : 12획

結果결과 : 어떤 까닭으로 말미암아 이루어지는 결말이 생김.
結局결국 : 일의 마무리 단계. 결말(結末). ¶**결국**은 승리하다
結末결말 : 어떤 일이 마무리되는 끝. ¶**결말**을 보다
結社결사 : 여러 사람이 공동의 목적을 위해 단체를 조직함.
結實결실 : 열매를 맺음. ¶가을은 **결실**의 계절

쓰는 순서 : 乚 乡 幺 乡 糸 糸 糸一 紝 紝 結 結 結

도움말 [糸+吉] : 좋은[吉 길할 길] 일을 위한 약속으로 실[糸 실 사]을 맺는다는 데서 '맺다', '마치다'는 뜻이 됨.

景

볕 경
- 부수 : 날 일(日)
- 총획 : 12획

景氣경기 : 매매나 거래 따위에 나타난 경제 활동의 상황.
風景풍경 : 자연의 아름다운 모습. 경치(景致). ¶농촌 **풍경**
雪景설경 : 눈 경치. 눈이 내리는 경치.
景觀경관 : 산이나 들·강·바다 따위의 자연이나 지역의 풍경.
夜景야경 : 밤의 경치.

쓰는 순서 : 丨 冂 冃 日 旦 昦 昙 昙 景 景 景

도움말 [日+京] : 해[日 해 일]가 높은 언덕의 궁전[京 서울 경] 위에 떠서 환하게 비친다는 데서 '볕', '빛', '밝다'는 뜻이 됨.

輕

가벼울 경

- 부수 : 수레 거(車)
- 총획 : 14획

輕重경중 : 가벼움과 무거움, 또는 그 정도. ¶병세의 **경중**
輕量경량 : 가벼운 무게. ↔ 중량(重量).
輕油경유 : 콜타르를 증류할 때, 맨 처음 얻는 가장 가벼운 기름.
輕工業경공업 : 부피에 비해 무게가 가벼운 물건을 만드는 공업.

쓰는 순서 一 ㄷ ㄇ ㅋ ㅋ 亘 車 車 軒 軒 軒 輕 輕 輕

도움말 [車+巠] 물줄기[巠 물줄기 경]같이 구불거리고 좁은 길을 수레[車 수레 거]가 빠르게 달리는 모양에서 '가볍다', '빠르다'는 뜻이 됨.

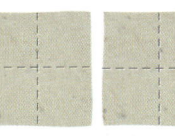   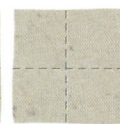

敬

공경 경

- 부수 : 둥글월문(攵)
- 총획 : 13획

敬老경로 : 노인을 공경함. ¶**경로** 잔치
敬禮경례 : 공경의 뜻을 나타내는 일, 또는 그 동작. ¶국기에 대한 **경례**
敬語경어 : 공경하는 뜻을 나타내는 말.
敬愛경애 : 공경하고 사랑함.
敬意경의 : 존경하는 뜻. ¶선생님에게 **경의**를 표하다

쓰는 순서 一 ㅗ ㅗ 艹 芍 芍 苟 苟 苟 苟 敬 敬

도움말 [苟+攵] 마음을 진실하게[苟 진실로 구] 하기 위해 스스로 채찍질하는[攵=攴 칠 복] 모양에서 '삼가다', '공경하다'는 뜻을 나타냄.

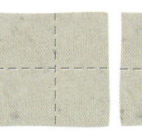 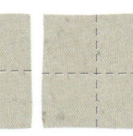  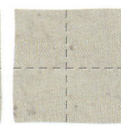

競

다툴 경

- 부수 : 설 립(立)
- 총획 : 20획

競技경기 : 기술의 낫고 못함을 서로 겨루는 일.
競賣경매 : 물건을 사려는 사람이 여럿일 때 값을 가장 높이 부르는 사람에게 팖.
競選경선 : 둘 이상의 후보가 경쟁하는 선거. ¶후보 **경선**
競合경합 : 맞서 겨룸. ¶**경합**을 벌이다

쓰는 순서 ` 亠 ㅗ 立 产 产 音 音 竞 竞 竞 竞 竞 竞 竞 竞 竞 兢 競 競

도움말 [音+儿·儿] 音←誩(말다툼 경)의 변형. 두 사람이[儿 사람 인]이 마주보고 서서[立 설 립] 심하게 말[口]다툼하는 모양에서 '다투다'는 뜻이 됨.

 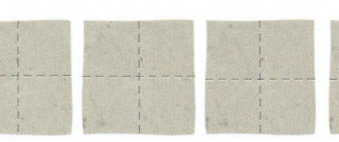 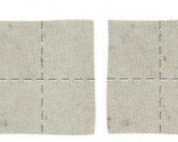

考

생각할 고

부수 : 늙을 로(耂)

총획 : 6획

考案고안 : 새로운 방법이나 물건을 연구하여 생각해 냄, 또는 그것. ¶신제품을 **고안**하다
考古고고 : 유물·유적에 의하여 옛일을 연구함. ¶**고고** 학자
思考力사고력 : 사고하는 능력. ¶**사고력**을 키우다
一考일고 : 한 번 생각해 봄. ¶이번 일은 **일고**의 가치도 없다

쓰는 순서 一 十 土 耂 耂 考

도움말 성장이 다하고[丂 숨막힐 고] 지팡이를 짚은 늙은이[耂 늙을 로]는 일을 깊이 헤아린다는 데서 '생각하다'는 뜻이 됨.
[耂+丂]

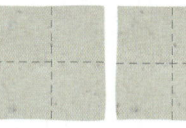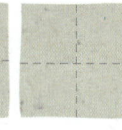

告

고할 고

부수 : 입 구(口)

총획 : 7획

告白고백 : 마음속에 숨기고 있던 것을 털어놓음.
廣告광고 : 세상에 널리 알림, 또는 그 일.
社告사고 : 회사에서 내는 광고.
告發고발 : 세상에 잘 알려지지 않은 잘못이나 비리 따위를 드러내어 알림. ¶검찰에 **고발**하다

쓰는 순서 ノ ㇒ 廾 牛 牛 告 告

도움말 제물로 소[牛 소 우]를 잡아 바치고 신에게 고하는[口 입 구] 모양을 본뜬 글자. '고하다', '알리다'는 뜻.
[牛+口]

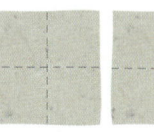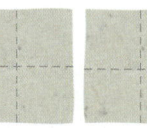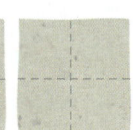

固

굳을 고

부수 : 큰입구(囗)

총획 : 8획

固定고정 : 일정한 곳이나 상태에서 변하지 아니함. ¶**고정** 인원
固有고유 : 본디부터 지니고 있거나 그 사물에만 특별히 있음. ¶우리나라 **고유**의 문화
固體고체 : 일정한 모양과 부피를 가지고 있어 쉽게 변형되지 않는 물체.

쓰는 순서 丨 冂 冂 冃 冃 固 固 固

도움말 오래 된[古 예 고] 성벽[囗←圍 둘레 위]의 모양을 본뜬 글자. '굳다', '단단하다'는 뜻.
[囗+古]

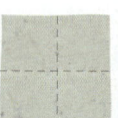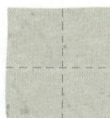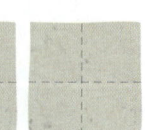

굽을 곡

부수 : 가로 왈(曰)
총획 : 6획

曲直곡직 : 굽음과 곧음. 사리의 옳고 그름. ¶곡직을 논하다
曲線곡선 : 부드럽게 굽은 선. ↔ 직선(直線).
歌曲가곡 : 우리나라 전통 성악곡의 하나.
作曲작곡 : 악곡을 지음. 또는 그 악곡. ¶노래를 작곡하다
愛唱曲애창곡 : 즐겨 부르는 노래.

쓰는 순서 : ㅣ ㄇ ㅂ 由 曲 曲

도움말: 대나무나 싸리를 구부려 만든 광주리의 모양을 본뜬 글자. '굽다', '가락'의 뜻.

지날 과

부수 : 책받침(辶)
총획 : 13획

過失과실 : 잘못이나 허물.
功過공과 : 공로와 과실.
過言과언 : 정도에 지나친 말.
不過불과 : 그 정도에 지나지 못함을 나타내는 말.
通過통과 : 일정한 때나 장소를 통하여 지나감.

쓰는 순서 : ㅣ ㄇ ㅂ 冎 冎 咼 咼 咼 '咼 '過 過 過

도움말: 입 비뚤어진[咼 입비뚤어질 와] 사람처럼 말이 잘못 나간[辶=辵 쉬엄쉬엄 갈 착] 모양에서 '허물', '지나다', '넘다'의 뜻.

공부할/과정 과

부수 : 말씀 언(言)
총획 : 15획

課題과제 : 주어진 문제나 임무. ¶방학 과제
課外과외 : 정하여진 교육 과정 밖. ¶과외 학습
課長과장 : 과(課)의 책임자.
公課金공과금 : 관청에서 매긴 세금. ¶공과금을 내다
日課일과 : 날마다 규칙적으로 하는 일정한 일.

쓰는 순서 : ㆍ 二 彐 言 言 言 言 訂 訐 訯 誯 課 課 課

도움말: 공부한 결과[果 이룰 과]에 대하여 묻는다[言 말씀 언]는 데서 '공부하다', '과정'의 뜻이 됨.

關 관계할 관

- 부수 : 문 문(門)
- 총획 : 19획

關心관심 : 어떤 사물에 마음이 끌리어 주의를 기울이는 일. ¶**관심**을 가지다
關門관문 : 어떤 일을 하려면 반드시 거쳐야 하는 중요한 대목. ¶어려운 **관문**을 통과하다
相關상관 : 서로 관련을 가짐. 또는 그런 관계.

쓰는 순서: 丨 冂 冋 冋 冋 門 門 門 門 門 閁 閁 閁 闗 闗 闗 關 關 關

도움말 [門+絲] : 문[門 문 문]을 북에 실을 꿰듯이[絲 북에실꿸 관] 쇠로 걸어 닫고 푸는 모양에서 '닫다', '통하다', '관계하다'의 뜻.

觀 볼 관

- 부수 : 볼 견(見)
- 총획 : 25획

觀光관광 : 다른 지방이나 다른 나라의 풍물·풍속을 구경함.
客觀객관 : 어떤 일에 직접 관계가 없는 제삼자. ↔ 주관(主觀).
主觀주관 : 자기만의 생각, 또는 자기만의 치우친 생각. ¶**주관**이 뚜렷하다
觀望관망 : 한발 물러나서 어떤 일이 되어가는 형편을 바라봄.

쓰는 순서: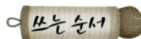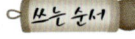

도움말 [萑+見] : 황새[萑 황새 관]가 적을 경계하거나 먹잇감을 찾기 위해 자세히 살피는 [見 볼 견] 모양에서 '관념', '보다'는 뜻이 됨.

 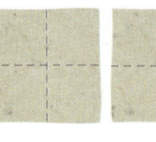 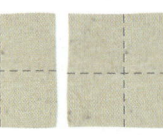  

廣 넓을 광

- 부수 : 엄호(广)
- 총획 : 15획

廣橋광교 : 청계천에 있던 조선시대 다리.
廣場광장 : 넓은 곳. 특히 도시 안의, 건물이 없이 넓게 비어 있는 곳. ¶시청 앞 **광장**
廣野광야 : 아득하게 너른 벌판. ¶**광야**를 달리다
廣板광판 : 폭이 넓은 나무 판자.

쓰는 순서: 丶 亠 广 广 广 产 产 产 庐 庐 庐 庸 庸 廣 廣

도움말 [广+黃] : 누런빛[黃 누를 황]으로 널따란 땅처럼 널찍한 집[广 집 엄]의 모양에서 '넓다', '크다'는 뜻이 됨.

     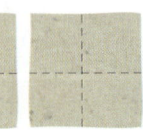

橋

다리 교

부수 : 나무 목(木)

총획 : 16획

陸橋육교 : 도로나 철도 위에 가로질러 놓은 다리.
鐵橋철교 : 철을 주재료로 하여 놓은 다리. ¶한강 **철교**
大橋대교 : 규모가 큰 다리. ¶한강 **대교**
石橋석교 : 돌로 만든 다리. 돌다리.

쓰는 순서 一 十 才 木 朩 朩 杧 杧 杯 杯 橋 橋 橋 橋 橋 橋

도움말 [木+喬] 물 위를 건널 수 있도록 크게 자라 우뚝 선[喬 높을 교] 나무[木 나무 목]를 엮어 걸쳐놓은 모양에서 '다리'의 뜻이 됨.

具

갖출 구

부수 : 여덟 팔(八)

총획 : 8획

具體구체 : 사물이 실제로 뚜렷한 모양이나 형태를 갖추고 있는 것. ¶**구체**적인 설명
道具도구 : 어떤 일을 할 때에 쓰이는 연장.
具色구색 : 물건 따위를 골고루 갖춤. 또는 그런 모양새.
家具가구 : 가정 살림에 쓰이는 온갖 세간.

쓰는 순서 丨 冂 冂 目 目 具 具 具

도움말 [目+廾] 두 손[六←廾 손맞잡을 공]으로 돈[目←貝 돈 패]을 가지고 있는 모양에서 '갖추다', '그릇'의 뜻이 됨.

救

구원할 구

부수 : 둥글월문(攵)

총획 : 11획

救命구명 : 사람의 목숨을 구함. ¶**구명** 운동
救急구급 : 위급한 처지에 있는 사람을 구하는 일. ¶**구급** 약품
救世主구세주 : 세상을 구제하는 이. 어려움이나 고통에서 구해 주는 사람을 비유적으로 이르는 말.
救出구출 : 위험한 상태에서 구하여 냄. ¶인질을 **구출**하다

쓰는 순서 一 十 寸 求 求 求 求 求 救 救 救

도움말 [求+攵] 어려운 처지에서 도움을 바라[求 구할 구] 손을 흔드는[攵=攴 칠 복] 사람을 구하는 모양에서 '건지다', '구원하다'는 뜻이 됨.

舊

예 구

부수 : 절구 구(臼)
총획 : 18획

新舊신구 : 새것과 헌것을 아울러 이르는 말. ¶**신구**의 대립
舊家구가 : 옛날에 살던 집.
舊屋구옥 : 지은 지 오래된 집. 고가(古家).
舊面구면 : 이전부터 안면이 있는 사람. ↔ 초면(初面).
舊式구식 : 옛 격식. 그전 형식. ¶**구식** 결혼

쓰는 순서 : 一 十 十 廾 廾 廾 廾 芹 芹 崔 崔 崔 奮 舊 舊 舊 舊 舊

도움말 [崔+臼] : 뿔처럼 털[十十=艹 풀 초]이 뻗쳐 있고 절구[臼 절구 구] 같은 몸집의 새[隹 새 추] 부엉이는 밤에만 활동하여 가끔 보인다는 데서 '오래다'의 뜻.

局

판 국

부수 : 주검 시(尸)
총획 : 7획

藥局약국 : 한약국과 양약국을 통틀어 이르는 말.
終局종국 : 일의 마지막. 끝판.
局面국면 : 일이 되어 가는 형편. 일이 벌어진 상황.
當局당국 : 어떤 일을 담당하여 주재함. 또는 그 기관.
形局형국 : 어떤 일이 벌어진 형편이나 국면. ¶불리한 **형국**

쓰는 순서 : ㄱ ㄹ 尸 月 局 局 局

도움말 [月+口] : 자[月←尺 자 척]로 잰 듯이 정확한 말[口 입 구]을 법도에 따라 한다는 데서 '관청', '구획', '판'을 뜻하게 됨.

貴

귀할 귀

부수 : 조개 패(貝)
총획 : 12획

貴重귀중 : 매우 소중함. ¶**귀중**한 물건
貴族귀족 : 사회적으로 특권을 지닌 상류 계급. ↔ 평민(平民).
品貴품귀 : 물건을 구하기 어려움.
貴中귀중 : 기관이나 단체 이름 뒤에 써서 상대편을 높이는 말.
貴下귀하 : 상대편을 높이어, 그의 이름 뒤에 쓰는 말.

쓰는 순서 : 丨 口 中 虫 虫 尹 串 青 昔 貴 貴 貴

도움말 [虫+貝] : 대나무로 엮은 고리짝[虫←臾 삼태기 궤]에 재물[貝 돈 패]을 담아 소중하게 간수한 데서 '귀하다', '귀히 여기다', '높다'의 뜻이 됨.

規 　 법 규

- 부수 : 볼 견(見)
- 총획 : 11획

法規법규 : '법률의 규정·규칙·규범'을 통틀어 이르는 말.
規定규정 : 규칙으로 정함. ¶대회의 **규정**
子規자규 : 두견새.
規約규약 : 조직체 안에서, 서로 지키도록 협의하여 정하여 놓은 규칙.
¶**규약** 위반

쓰는 순서 : 一 二 丰 夫 𡗗 𮥹 𮥺 𮥻 𮥼 規 規

도움말 [夫+見] : 훌륭한 사람[夫 사나이 부]이 사물의 이치를 바르게 본다[見 볼 견]는 데서 '바르다', '법'을 뜻함.

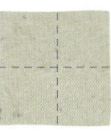 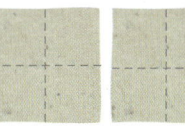  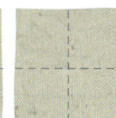

給 　 줄 급

- 부수 : 실 사(糸)
- 총획 : 12획

自給자급 : 필요한 것을 자기 힘으로 마련해서 씀. ¶식량을 **자급**하다
給食급식 : 학교나 공장 등에서 아동이나 종업원에게 끼니 음식을 주는 일, 또는 그 끼니 음식. ¶학교 **급식**
發給발급 : 발행하여 줌. ¶여권 **발급**
月給월급 : 일을 한 대가로 달마다 받는 삯. ¶**월급**을 받다

쓰는 순서 : 𰀂 𰀃 𰀄 𰀅 𰀆 糸 𰀇 𰀈 給 給 給

도움말 [糸+合] : 실[糸 실 사]을 길게 이어 합한[合 합할 합] 모양에서 '넉넉하다', '주다'의 뜻이 됨.

 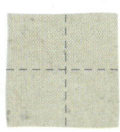 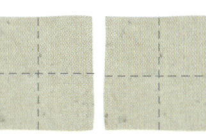 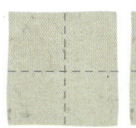 

技 　 재주 기

- 부수 : 손 수(扌)
- 총획 : 7획

技術기술 : 어떤 일을 정확하고 능률적으로 해내는 솜씨.
技士기사 : 운전기사. ¶택시 **기사**
特技특기 : 특별한 기능이나 기술. 장기.
長技장기 : 가장 능한 재주. 특기. ¶**장기** 자랑
技能기능 : 기술적인 능력이나 재능. 기량. ¶**기능**을 연마하다

쓰는 순서 : 一 十 扌 𰀉 𰀊 技 技

도움말 [扌+支] : 나뭇가지처럼 갈라진[支 가를 지] 손가락으로 하여 손[扌=手 손 수]의 기능이 많은 데서 '재주', '능통하다'는 뜻이 됨.

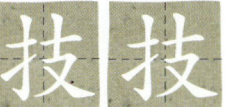  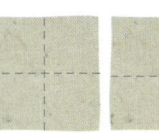  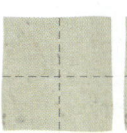 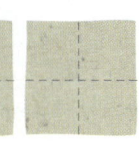

한자능력검정시험 5급

己 몸 기

- 부수 : 몸 기(己)
- 총획 : 3획

利己이기 : 자기 한 몸의 이익만을 꾀하는 일.
自己자기 : 그 사람 자신. ¶**자기** 방어
愛己애기 : 자기를 사랑함.

쓰는 순서 ㄱ ㄱ 己

도움말 사람의 척추 마디가 구부러지며 이어진 모양을 본떠 '몸', '자기', '저'를 뜻함.

   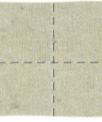  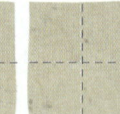

基 터 기

- 부수 : 흙 토(土)
- 총획 : 11획

基本기본 : 사물의 가장 중요한 밑바탕. 근본. ¶**기본** 문제
基地기지 : 군대나 탐험대 따위의 행동의 근거지. ¶군사 **기지**
基金기금 : 어떤 목적을 위하여 적립하거나 준비하여 두는 자금. ¶**기금**을 마련하다
基壇기단 : 집의 터전이 되는 단.

쓰는 순서 一 十 卄 廿 甘 其 其 其 其 基 基

[其+土]

도움말 삼태기[其←箕 키 기]로 흙[土 흙 토]을 퍼 날라 땅을 다지고 돋운 집터의 모양에서 '터', '바탕', '근본'의 뜻이 됨.

 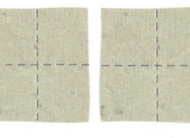 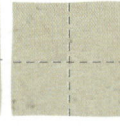 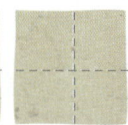 

期 기약할 기

- 부수 : 달 월(月)
- 총획 : 12획

期待기대 : 어떤 일이 이루어지기를 바라고 기다림.
工期공기 : 공사하는 기간. ¶**공기**를 단축하다
無期무기 : 일정한 기한이 없음. ¶**무기**한으로 연기
前期전기 : 어떤 기간을 두 기(期)로 나누었을 때 그 앞의 기간.
全期전기 : 모든 기간.

쓰는 순서 一 十 卄 廿 甘 其 其 其 期 期 期 期

[其+月]

도움말 달[月 달 월]이 해의 정면에 자리하여 보름달이 되는 그[其 그 기] 때를 가리키는 데서 '때', '기약하다'는 뜻이 됨.

   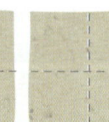 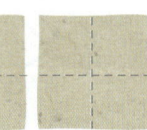

汽

물끓는김 기

- 부수 : 삼수변(氵)
- 총획 : 7획

汽車기차 : 증기 기관차나 디젤 기관차로 객차나 화차를 끄는 철도 차량. 화차(火車). ¶**기차** 여행

汽船기선 : 증기 기관을 동력으로 하여 항행하는 배.

쓰는 순서 丶 丶 氵 氵 汽 汽 汽

도움말 [氵+气] 끓는 물[氵=水 물 수]에서 피어오르는 수증기[气 기운 기]의 모양에서 '김', '증기'의 뜻이 됨.

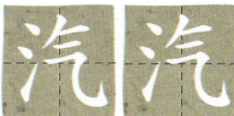  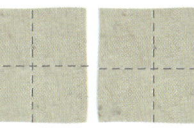 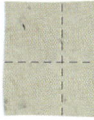 

吉

길할 길

- 부수 : 입 구(口)
- 총획 : 6획

吉凶길흉 : 길함과 흉함.

吉日길일 : 길한 날. 좋은 날. ¶**길일**을 잡다

吉運길운 : 좋은 운수. ↔ 악운(惡運).

吉人길인 : 성품이 바르고 복스러워 좋은 사람.

不吉불길 : 운수 따위가 좋지 아니함. ¶**불길**한 예감

쓰는 순서 一 十 士 吉 吉 吉

도움말 [士+口] 훌륭한 사람[士 선비 사]이 하는 말[口 입 구]은 참되다는 데서 '길하다', '좋다'는 뜻이 됨.

  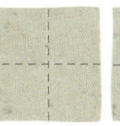 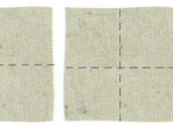  

念

생각 념

- 부수 : 마음 심(心)
- 총획 : 8획

思念사념 : 마음속으로 생각함. 또는 그 생각.

理念이념 : 이상적인 것으로 여겨지는 생각이나 견해.

觀念관념 : 어떤 일에 대한 생각이나 견해. ¶시간 **관념**

信念신념 : 굳게 믿는 마음. ¶**신념**을 지키다

一念일념 : 한결같은 마음. 또는 오직 한 가지 생각.

쓰는 순서 丿 人 人 今 今 念 念 念

도움말 [今+心] 오늘[今 이제 금]에 이르기까지 마음[心 마음 심]에 두어 잊지 않고 생각하는 모양에서 '생각하다', '외우다'의 뜻이 됨.

  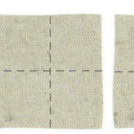 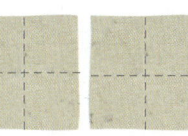  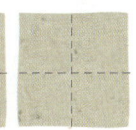

能 — 능할 능

- 부수 : 고기 육(月〈肉〉)
- 총획 : 10획

能力능력 : 어떤 일을 해낼 수 있는 힘. ¶해결 **능력**
無能무능 : 재능이 없음. ↔ 유능(有能). ¶**무능**한 관리
有能유능 : 재능이나 능력이 있음. ¶**유능**한 인재
才能재능 : 재주와 능력. ¶뛰어난 **재능**
可能性가능성 : 앞으로 실현될 수 있는 성질. ¶**가능성**이 크다

쓰는 순서: 厶 厶 宀 台 肯 肯 肯 能 能 能

도움말: 주둥이[厶], 몸뚱이[月], 발[匕] 모양으로 곰을 본뜬 글자. 곰은 발을 잘 움직인다고 하여 '능하다', '재간'의 뜻이 됨.

團 — 둥글 단

- 부수 : 큰입구(囗)
- 총획 : 14획

財團재단 : 일정한 목적을 위하여 결합된 재산의 집합.
團結단결 : 여러 사람이 한데 뭉침. 단합(團合). ¶일치 **단결**
團長단장 : 일정한 조직체를 이룬 단의 우두머리.
團體단체 : 같은 목적으로 모인 두 사람 이상의 모임.
團合단합 : 여러 사람이 한데 뭉침. 단결(團結). ¶**단합** 대회

쓰는 순서: 丨 冂 冂 冂 同 同 同 團 團 團 團 團 團 團

도움말: 오로지[專 오로지 전] 하나로 둘러싸인[囗←圍 에울 위] 모양에서 '둥글다', '모이다'의 뜻이 됨. [囗+專]

壇 — 단 단

- 부수 : 흙 토(土)
- 총획 : 16획

壇上단상 : 연단이나 교단 등의 단 위. ¶**단상**에 오르다
畫壇화단 : 화가들의 사회.
敎壇교단 : 교실에서 선생이 강의할 때 올라서는 단.
登壇등단 : 연단이나 교단 따위에 오름.
樂壇악단 : 음악가들의 사회.

쓰는 순서: 一 十 土 土' 圹 圹 圹 圹 垧 垧 坿 坿 壇 壇 壇 壇

도움말: 여러 사람이 제사지낼 수 있도록 흙[土 흙 토]을 쌓아 높고 널찍하게[亶 클 단] 만든 모양에서 '단', '범위'의 뜻이 됨. [土+亶]

談

말씀 담

부수 : 말씀 언(言)
총획 : 15획

談話담화 : 서로 이야기를 주고받음. ¶**담화**를 나누다
德談덕담 : 남이 잘되기를 비는 말. ↔ 악담(惡談).
情談정담 : 다정한 이야기. ¶**정담**을 나누다
會談회담 : 만나거나 모여서 의논함. ¶남북 최고위급 **회담**
才談재담 : 재치 있게 하는 재미있는 이야기.

쓰는 순서 〬 丶 亠 亍 言 言 言 言 訁 訁 談 談 談 談 談

도움말 불가[炎 불탈 염]에 둘러앉아 서로 이야기를 나눈다[言 말씀 언]는 데서 [言+炎] '이야기하다', '말씀'의 뜻이 됨.

 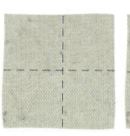 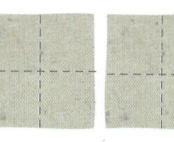  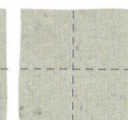

當

마땅 당

부수 : 밭 전(田)
총획 : 13획

正當정당 : 바르고 마땅함. ¶**정당**한 요구
當落당락 : 당선과 낙선. 붙음과 떨어짐.
當番당번 : 어떤 일을 책임지고 돌보는 차례가 됨. ¶청소 **당번**
當然당연 : 일의 전후 사정을 놓고 볼 때에 마땅히 그러함.
不當부당 : 도리에 벗어나서 정당하지 않음. ¶**부당** 요금

쓰는 순서 丨 丨 丷 丷 兴 兴 尚 尚 尚 尚 當 當 當

도움말 밭[田 밭 전]이 서로 비슷하여[尚 짝지을 상] 맞바꾸기에 적당한 데서 '마 [尚+田] 땅하다', '당하다'는 뜻이 됨.

 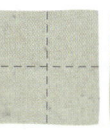 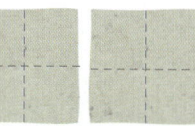 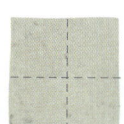 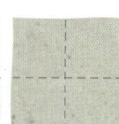

德

큰/덕 덕

부수 : 두인변(彳)
총획 : 15획

道德도덕 : 사람으로서 마땅히 지켜야 할 도리. ¶공중 **도덕**
德望덕망 : 덕행으로 얻은 명망. ¶**덕망**이 높다
功德공덕 : 공적과 덕행. ¶**공덕**을 기리다
美德미덕 : 도덕적인 훌륭한 행동. ¶양보의 **미덕**
惡德악덕 : 도의에 어긋나는 나쁜 마음이나 나쁜 짓.

쓰는 순서 丿 彳 彳 彳 彳 彳 彳 徝 徝 徳 徳 徳 德 德 德

도움말 사람의 움직임[彳 조금걸을 척]이 올바르고 뜻이 높은[悳←惪 클 덕] 모양 [彳+悳] 에서 '크다', '은혜', '덕'을 뜻함.

  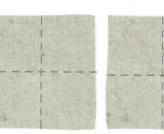   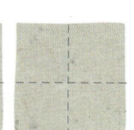

到

이를 도

부수 : 칼 도(刂)
총획 : 8획

到着도착 : 목적지에 다다름. ↔ 출발(出發). ¶도착 시간
到來도래 : 닥침. 닥쳐옴. 이름. ¶이 땅에 평화가 도래하다
當到당도 : 어떤 곳에 다다름. ¶목적지에 당도하다
先到선도 : 먼저 도착함.

쓰는 순서 一 厂 ㄞ 至 至 至 到 到

도움말 [至+刂] 안전을 위해 몸에 칼[刂=刀 칼 도]을 지니고 위험한 곳을 무사히 지나 목적한 곳에 닿은[至 이를 지] 데서 '이르다', '닿다'는 뜻이 됨.

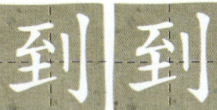

島

섬 도

부수 : 메 산(山)
총획 : 10획

獨島독도 : 경상북도 울릉군 울릉읍 독도리에 딸린 섬.
韓半島한반도 : 한국 국토의 전체를 포괄하고 있는 반도.
落島낙도 : 육지에서 멀리 떨어진 외딴 섬.
半島반도 : 삼면이 바다로 둘러싸이고 한 면은 육지에 이어진 땅.

쓰는 순서 ′ ′ ′ 户 户 自 鸟 鸟 島 島

도움말 [山+鳥] 島=嶋(본자). 바다 위를 날아가던 새[鳥 새 조]가 망망한 물 가운데 있는 산[山 메 산]에 앉아 날개를 쉬는 모양에서 '섬'이란 글자가 됨.

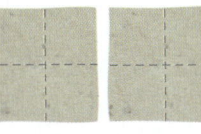

都

도읍 도

부수 : 우부방(阝)
총획 : 12획

都市도시 : 일정한 지역의 정치·경제·문화의 중심이 되는, 사람이 많이 사는 지역. ¶도시 생활
都心도심 : 도시의 중심.
京都경도 : 서울.
古都고도 : 옛 도읍.

쓰는 순서 一 十 土 耂 耂 耂 者 者 者 都 都

도움말 [者+阝] 사람이 사는 마을[阝=邑 고을 읍] 중에서도 특히 많은 사람[者 놈 자]들이 모여 사는 곳으로, '도읍', '서울', '도회지'의 뜻이 됨.

獨 홀로 **독**

부수 : 개 견(犭)

총획 : 16획

獨立독립 : 다른 것에 딸리거나 의존하지 아니하는 상태로 됨.
獨白독백 : 혼자서 중얼거림.
獨善독선 : 자기 혼자만이 옳다고 믿고 행동하는 일. ¶**독선**에 빠지다
獨身독신 : 형제자매가 없는 몸. 배우자가 없는 사람. 홀몸.

쓰는 순서 ノ ノ 犭 犭 犭 犭 犭 犭 犭 犸 獨 獨 獨 獨 獨 獨

도움말 [犭+蜀] 개[犭=犬 개 견]와 큰 닭[蜀 촉계 촉(몸통이 큰 닭)]은 만나기만 하면 서로 싸우므로 함께 있지 못하고 따로 있게 한 데서 '홀로', '외롭다'는 뜻.

 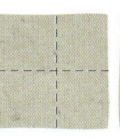 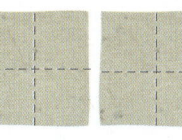 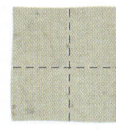 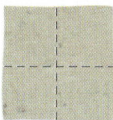

落 떨어질 **락**

부수 : 초두(艹)

총획 : 13획

落葉낙엽 : 나뭇잎이 떨어짐. 말라서 떨어진 나뭇잎.
落花낙화 : 꽃이 짐, 또는 진 그 꽃.
落第낙제 : 진학 또는 진급을 못함. ¶**낙제**를 면하다
落後낙후 : 기술이나 문화, 생활 따위의 수준이 뒤떨어짐.
登落등락 : 시험 따위에 붙고 떨어지는 일.

쓰는 순서 丶 丷 艹 艹 艾 汶 汶 莎 茨 茨 落 落 落

도움말 [艹+洛] 풀이나 나무[艹=艸 풀 초]의 잎이 물방울[氵=水 물 수] 흩어지듯[各 각각 각] 떨어지는 모양에서 '떨어지다', '죽다'의 뜻이 됨.

  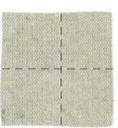    

朗 밝을 **랑**

부수 : 달 월(月)

총획 : 11획

明朗명랑 : 맑고 밝음. ¶**명랑**한 아침
朗讀낭독 : 소리 내어 읽음. ¶선언문을 **낭독**하다
朗朗낭랑 : 소리가 맑고 또랑또랑함. ¶**낭랑**한 목소리로 노래를 부르다

쓰는 순서 丶 亠 亠 彐 艮 艮 良 良 朗 朗 朗

도움말 [良+月] 착한[良 어질 량] 사람의 마음은 밝은 달[月 달 월]과 같다는 데서 '밝다', '명랑하다'는 뜻이 됨.

 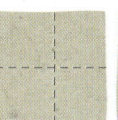  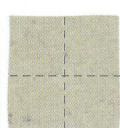  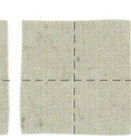

冷 찰 랭

- 부수 : 이수변(冫)
- 총획 : 7획

寒冷한랭 : 기온이 낮고 매우 추움. ¶**한랭** 전선
冷溫냉온 : 차가움과 따뜻함. 온랭(溫冷).
冷水냉수 : 찬물. ↔ 온수(溫水).
冷情냉정 : 태도가 정다운 맛이 없고 차가움. ¶**냉정**한 표정
冷戰냉전 : 서로 적대시하고 있는 국가 간의 대립 상태.

쓰는 순서 : 丶 冫 冫 冷 冷 冷 冷

도움말 : 윗사람이 내리는 명령[令 영 령]은 얼음[冫 얼음 빙]과 같다는 데서 '차다', '쌀쌀하다'는 뜻.

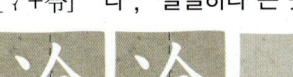

良 어질 량

- 부수 : 머무를 간(艮)
- 총획 : 7획

良心양심 : 옳고 그름과 선악의 판단을 내리는 도덕적 의식.
良民양민 : 선량한 국민. ¶**양민** 학살
良書양서 : 내용이 좋은 책. 유익한 책.
良質양질 : 좋은 품질. 좋은 바탕. ¶**양질**의 제품
不良불량 : 질이나 상태 따위가 좋지 않음. ¶**불량** 제품

쓰는 순서 : 丶 ㄱ ㅋ 自 良 良 良

도움말 전서 艮 : 곡식을 넣어 흘러내리게 하여 뉘를 골라내는 기구인 풍구를 본뜬 글자로, '어질다', '좋다'의 뜻.

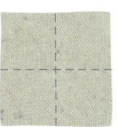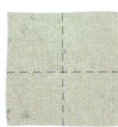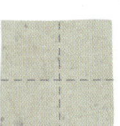

量 헤아릴 량

- 부수 : 마을 리(里)
- 총획 : 12획

質量질량 : 물체가 갖는 물질의 양.
分量분량 : 무게·부피·수량 등의 많고 적음과 크고 작은 정도.
量産양산 : '대량 생산'의 준말. ¶**양산** 체제를 갖추다
數量수량 : 수효와 분량. ¶많은 **수량**
力量역량 : 일을 해낼 수 있는 능력. ¶**역량**을 발휘하다

쓰는 순서 : 丶 口 曰 曰 旦 昌 旦 量 量 量 量 量

도움말 : 곡식 등 물건의 무게[重←重 무거울 중]를 되[日(되의 모양)]와 같은 기구[日+重]로 잰다는 데서 '헤아리다', '생각하다'의 뜻을 나타냄.

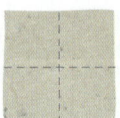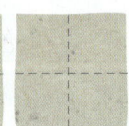

旅

나그네 려

- 부수 : 모 방(方)
- 총획 : 10획

旅行여행 : 다른 고장이나 다른 나라에 가는 일. ¶졸업 **여행**
旅路여로 : 여행하는 길. 또는 나그네가 가는 길. ¶기나긴 인생의 **여로**
旅費여비 : 여행에 드는 비용.
旅客여객 : 여행을 하고 있는 사람. ¶**여객** 열차

쓰는 순서 : 丶 亠 亣 方 方 扩 圹 斿 斿 旅 旅

도움말 : 군기[扩 깃발 언]를 따르는 많은 사람[仄←從 좇을 종]들의 모양에서, '군사[扩+仄]', '무리', '나그네'의 뜻이 됨.

 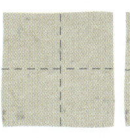 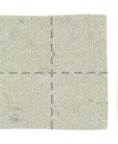 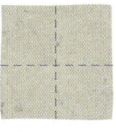  

歷

지날 력

- 부수 : 그칠 지(止)
- 총획 : 16획

歷史역사 : 인간 사회가 거쳐 온 변천의 모습, 또는 그 기록. ¶**역사**에 남을 사건
學歷학력 : 교육을 통하여 얻은 지식이나 기술 따위의 능력.
歷代역대 : 대대로 이어 내려온 여러 대. ¶**역대** 임금
歷任역임 : 여러 직위를 두루 거쳐 지냄. ¶요직을 **역임**하다

쓰는 순서 : 一 厂 厂 厂 厈 厉 历 厯 厤 厤 厤 歴 歴 歴

도움말 : 오랜 세월[厤 세월 력]에 걸쳐 발자취[止 발 지]를 남기는 모양에서 '지내다', '겪다'의 뜻이 됨. [厤+止]

  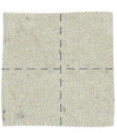  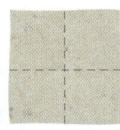  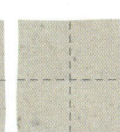

練

익힐 련

- 부수 : 실 사(糸)
- 총획 : 15획

訓練훈련 : 무예나 기술 등을 실지로 활용할 수 있도록 배워 익힘. ¶군사 훈련
洗練세련 : 서투르거나 어색한 데가 없이 능숙하고 미끈하게 갈고 닦음. ¶**세련**된 문장
練習연습 : 학문이나 기예 따위를 되풀이하여 익힘.

쓰는 순서 : 乙 幺 幺 幺 糸 糸 糸 糽 紳 紳 紳 絈 練 練 練

도움말 : 실[糸 실 사]을 삶아 불순물을 가려[柬 가릴 간] 없애는 데에서 '가리다', '익히다'는 뜻이 됨. [糸+柬]

 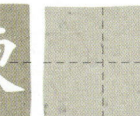 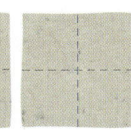 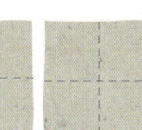  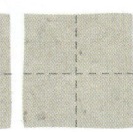

ㄹ
려 旅
력 歷
련 練

令 하여금 령

부수 : 사람 인(人)
총획 : 5획

令弟영제 : 남을 높이어 그의 '아우'를 일컫는 말.
令夫人영부인 : 남의 아내를 높여 이르는 말. ¶대통령 **영부인**
發令발령 : 직책이나 직위와 관련된 명령을 내림. ¶인사 **발령**
號令호령 : 부하나 동물 따위를 지휘하여 명령함. 또는 그 명령.
訓令훈령 : 상급 관청이 하급 관청에 내리는 훈시나 명령.

쓰는 순서 : ㅅ 人 스 今 令

도움말 [스+卩] 사람들을 모아[스 모을 집] 무릎[卩 무릎마디 절]을 꿇리고 영을 내린다는 데서 '하여금', '시키다', '법령'의 뜻이 됨.

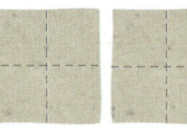

領 거느릴 령

부수 : 머리 혈(頁)
총획 : 14획

領海영해 : 영토에 인접한 해역으로서, 통치권이 미치는 범위.
領土영토 : 그 나라가 영유하고 있는 땅. ¶**영토** 분쟁
要領요령 : 적당히 꾀를 부려 하는 짓. ¶**요령**을 피우다
領空영공 : 한 나라의 영토와 영해의 상공으로, 그 나라의 주권이 미치는 공간.

쓰는 순서 : ㅅ 人 스 今 令 令 윗 領 領 領 領 領 領

도움말 [令+頁] 명령[令 영 령]을 내리는 우두머리[頁 머리 혈]를 나타내는 글자로, '거느리다', '차지하다'의 뜻.

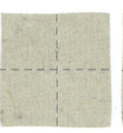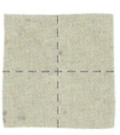

勞 일할 로

부수 : 힘 력(力)
총획 : 12획

勞使노사 : 노동자와 사용자. ¶**노사** 협의
勞動노동 : 몸을 움직여 일을 함. ¶육체 **노동**
勞苦노고 : 어떤 일을 이루기 위하여 심신을 괴롭히며 애쓰는 일. 수고하는 일. ¶**노고**에 감사드리다
過勞과로 : 지나치게 일하여 지침. ¶**과로**로 쓰러지다

쓰는 순서 : ㆍ 丷 灬 火 쏘 쌰 炒 炏 炏 炏 勞 勞

도움말 [炏+力] 밤새도록 불을 밝혀놓고[炏←熒 밝을 형] 힘써[力 힘 력] 일하는 모양에서 '수고롭다', '일하다', '위로하다'의 뜻이 됨.

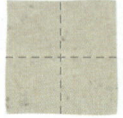

料

헤아릴 료

부수 : 말 두(斗)
총획 : 10획

原料원료 : 어떤 물건을 만드는 데 들어가는 재료.
料金요금 : 사물을 사용·소비·관람한 대가로 치르는 돈.
料理요리 : 맛있는 음식을 만드는 일, 또는 그 음식. ¶**요리** 학원
無料무료 : 값을 받지 않음, 또는 치르지 않음. ¶**무료** 봉사
飮料水음료수 : 갈증을 해소하거나 맛을 즐길 수 있게 만든 물.

쓰는 순서: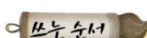

도움말 [米+斗] : 쌀[米 쌀 미]을 말[斗 말 두]로 되어 재는 모양에서 '헤아리다', '다스리다'는 뜻이 됨.

 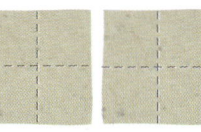   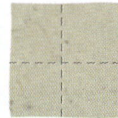

流

흐를 류

부수 : 삼수변(氵)
총획 : 10획

交流교류 : 문화나 사상 따위가 서로 오가며 섞임.
流動유동 : 이리저리 옮겨 다니거나 변천함. ¶**유동** 인구
流水유수 : 흐르는 물. ¶**유수** 같은 세월
海流해류 : 바닷물의 흐름.
急流급류 : 물이 급하게 흐름, 또는 그 물. ¶**급류**에 떠내려가다

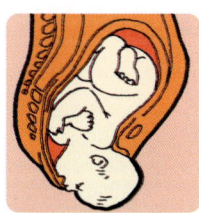

도움말 [氵+㐬] : 아기가 태어날 때[㐬 돌(거꾸로 된 아이의 형상)] 양수[氵=水 물 수]와 함께 순조롭게 분만되는 모양에서 '흐르다', '갈래'의 뜻이 됨.

 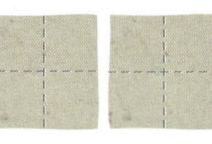 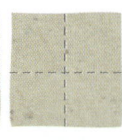  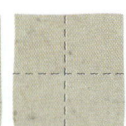

類

무리 류

부수 : 머리 혈(頁)
총획 : 19획

種類종류 : 어떤 기준에 따라 나눈 갈래. ¶**종류**가 다양하다
人類인류 : 세계의 모든 사람. ¶**인류**의 역사
分類분류 : 사물을 공통되는 성질에 따라 종류별로 가름. ¶우편물을 지역별로 **분류**하다
部類부류 : 어떤 공통적인 성격 등에 따라 나눈 갈래.

도움말 [類+犬] : 개[犬 개 견]의 얼굴은 서로 비슷하여 구별하기 어려울[類 깨달기어려울 뢰] 만큼 같다는 데서 '비슷하다', '무리'의 뜻.

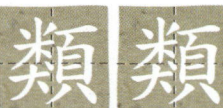  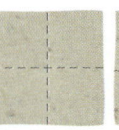   

陸

뭍 륙

- 부수 : 좌부방(阝)
- 총획 : 11획

着陸착륙 : 비행기 따위가 땅 위에 내림.
陸地육지 : 땅. ¶바다와 육지
陸海육해 : 육지와 바다.
內陸내륙 : 바다에서 멀리 떨어진 지역. ¶내륙 지방
上陸상륙 : 배에서 뭍으로 오름. ¶인천 상륙 작전

쓰는 순서 ˊ 阝 阝⁻ 阝⁺ 阹 陸 陸 陸 陸 陸

도움말 언덕[阝=阜 언덕 부]과 큰 흙덩이[坴 큰흙덩이 륙]들이 잇대어 이루어진 [阝+坴] 땅덩이를 가리키는 글자로, '육지', '뭍'의 뜻.

陸 陸 ☐ ☐ ☐ ☐ ☐ ☐

馬

말 마

- 부수 : 말 마(馬)
- 총획 : 10획

鐵馬철마 : '기차'를 달리 이르는 말.
競馬경마 : 사람이 탄 말이 일정 거리를 달려 그 순위를 겨루는 일.
馬車마차 : 말이 끄는 수레.
牛馬우마 : 소와 말.
落馬낙마 : 말에서 떨어짐.

쓰는 순서 丨 冂 厂 F F 馬 馬 馬 馬 馬

도움말 말의 머리와 갈기, 꼬리[馬], 그리고 네 다리[灬]의 모양을 본뜬 글자.

馬 馬 ☐ ☐ ☐ ☐ ☐ ☐

末

끝 말

- 부수 : 나무 목(木)
- 총획 : 5획

週末주말 : 한 주일의 끝. ¶주말 연속극
本末본말 : 일의 처음과 끝. ¶일의 본말이 뒤바뀌다
始末시말 : 일의 처음과 끝.
末期말기 : 어떤 시대나 기간의 끝장이 되는 시기.
末年말년 : 일생의 마지막 무렵. ¶말년을 편안히 보내다

쓰는 순서 一 二 丰 末 末

도움말 나무[木 나무 목]의 위쪽에 획[一]을 하나 그음으로써 나뭇가지의 끝을 나 [木+一] 타낸 글자로, '끝', '마치다'의 뜻.

末 末 ☐ ☐ ☐ ☐ ☐ ☐

亡

망할 망

부수 : 돼지해밑(亠)
총획 : 3획

敗亡패망 : 전쟁에 져서 망함.
亡命망명 : 정치적인 이유 등으로, 제 나라에 있지 못하고 남의 나라로 몸을 피하는 일. ¶**망명** 길에 오르다
死亡사망 : 사람의 죽음.
亡德망덕 : 자기 자신과 집안을 망칠 못된 짓.

쓰는 순서 　丶 亠 亡

도움말 사람이 은밀한 장소로 숨어[乚=隱 숨을 은] 드는[亠←入 들 입] 모양에서 '망하다', '도망하다'는 뜻을 나타냄.

望

바랄 망

부수 : 달 월(月)
총획 : 11획

野望야망 : 크게 무엇을 이루어 보겠다는 희망. ¶**야망**을 품다
宿望숙망 : 오래도록 품은 소망.
熱望열망 : 열심히 바람. 간절히 바람. ¶**열망**이 강하다
所望소망 : 바람. 바라는 바. 소원. ¶**소망**을 이루다
失望실망 : 희망을 잃음. 일이 뜻대로 되지 않음.

쓰는 순서 　丶 亠 亡 亡' 亡＂ 亡갸 亡푸 望 望 望

도움말 멍하니 서서[壬 우뚝설 정] 달[月 달 월]을 바라보며 지금은 없는[亡 없을 망] 사람이 돌아오기를 바라는 모양에서 '바라다', '기다리다' 의 뜻.

買

살 매

부수 : 조개 패(貝)
총획 : 12획

賣買매매 : 팔고 삼. 파는 일과 사는 일. ¶부동산 **매매**
買入매입 : 물품 따위를 사들임.
買切매절 : 상인이 팔다가 남더라도 반품하지 아니한다는 조건하에 한데 몰아서 사는 일. ¶**매절** 거래
不買불매 : 상품 따위를 사지 아니함. ¶**불매** 운동

쓰는 순서 　丨 冂 冂 罒 罒 罘 買 買 買 買 買

도움말 [罒+貝] 돈[貝 돈 패]을 주고 그 대신 받은 물건을 망태기[罒=网 그물 망]에 담는 모양에서 '사다' 의 뜻.

賣

팔 매

- 부수 : 조개 패(貝)
- 총획 : 15획

賣場매장 : 상품을 판매하는 곳.
賣店매점 : 어떤 기관이나 단체 안에서 물건을 파는 작은 상점. ¶학교 **매점**
賣出매출 : 물건을 내어 팖.
發賣발매 : 상품을 팖, 또는 팔기 시작함. ¶신제품 **발매**

쓰는 순서: 一 十 士 吉 吉 吉 吉 吉 吉 吉 壽 壽 賣 賣 賣

도움말 [士+買] 사들였던[買 살 매] 물건을 내놓아[士←出 날 출] 파는 모양에서 '팔다'의 뜻이 됨.

賣 賣

無

없을 무

- 부수 : 불 화(灬)
- 총획 : 12획

有無유무 : 있음과 없음. ¶잘못의 **유무**를 따지다
無病무병 : 병이 없음.
無心무심 : 아무런 생각이 없음. 감정이 없음.
無用무용 : 소용이 없음. 쓸데없음. ↔ 유용(有用).
無形무형 : 형상으로 나타나지 아니함. ¶**무형**의 유산

쓰는 순서: ノ ト 片 片 午 缶 無 無 無 無 無 無

도움말 [無+灬] 무성한 수풀[無←森 무성할 무]에 불[灬=火 불 화]이 나 타버린 모양을 본뜬 글자로, '없다'의 뜻.

無 無

倍

곱 배

- 부수 : 사람 인(亻)
- 총획 : 10획

倍加배가 : 갑절로 늘어남, 또는 갑절로 늘림. ¶노력을 **배가**하다
倍數배수 : 갑절이 되는 수.
倍前배전 : 이전의 갑절. ¶**배전**의 노력을 기울이다

쓰는 순서: ノ 亻 亻 亻 仁 仁 仵 倍 倍 倍

도움말 [亻+咅] 사람[亻=人 사람 인]이 물건을 가를[咅 가를 부] 때마다 그 양이 배로 늘어나는 모양에서 '갑절', '더욱'의 뜻이 됨.

倍 倍

법 **법**

- 부수 : 삼수변(氵)
- 총획 : 8획

法式법식 : 법도와 양식. 의식 등의 규칙.
方法방법 : 어떤 목적을 달성하기 위하여 취하는 수단.
合法합법 : 법령이나 규칙에 맞음. 적법. ↔ 불법(不法).
公法공법 : 국가 간 또는 국가와 개인 간의 관계를 규정하는 법.
語法어법 : 말의 표현 방식에 관한 법칙.

쓰는 순서 : 丶 冫 氵 氵 氵 汁 法 法 法

도움말 [氵+去] 잔잔한 수면[氵=水 물 수]처럼 모든 사람들에게 공평하고, 악을 제거[去 버릴 거]한다는 데서 '법', '본받다'의 뜻이 됨.

변할 **변**

- 부수 : 말씀 언(言)
- 총획 : 23획

變質변질 : 물질이나 사물의 성질이 바뀜. ¶우유가 **변질**되다
變色변색 : 빛깔이 변하여 달라짐.
變數변수 : 어떤 정세나 상황 따위의 변화 요인.
變心변심 : 마음이 변함. ¶**변심**한 애인
變動변동 : 상태가 변하여 움직임. ¶물가 **변동**

쓰는 순서 : 變變變

도움말 [䜌+攵] 계속 말[䜌 말잇달 련]로써 타이르고 회초리를 쳐[攵=攴 칠 복]가며 가르치면 마음을 고쳐 사람이 달라진다는 데서 '변하다'의 뜻.

병사 **병**

- 부수 : 여덟 팔(八)
- 총획 : 7획

兵卒병졸 : 군사(軍士).
兵力병력 : 군대의 힘. 군력(軍力).
兵士병사 : 군사(軍士). 사병(士兵).
兵法병법 : 군사 작전의 방법.
新兵신병 : 새로 입대한 병사. ¶**신병** 훈련소

쓰는 순서 : 丿 亻 斤 丘 丘 兵 兵

도움말 [斤+廾] 도끼[斤 도끼 근]를 두 손으로 붙잡은[廾←卄 손맞잡을 공] 모양에서 '병기'를 나타내고 '병사'의 뜻이 됨.

福

복 복

- 부수 : 보일 시(示)
- 총획 : 14획

幸福행복 : 복된 운수. ¶**행복**한 가정
祝福축복 : 행복하기를 빎, 또는 비는 일. ¶**축복**을 받다
多福다복 : 복이 많음, 또는 많은 복. ¶**다복**한 가정
飮福음복 : 제사 지내고 나서 제사에 썼던 음식을 나누어 먹음.
福德복덕 : 타고난 복과 후한 마음.

쓰는 순서 一 亠 ㅜ 亓 示 礻 祠 福 福 福 福 福 福 福

도움말 술을 가득 부어놓고[畐 가득찰 복] 제사[示 제사 시]를 지내 하늘로부터
[示+畐] 복을 받는다 하여 '복', '착하다' 는 뜻.

奉

받들 봉

- 부수 : 큰 대(大)
- 총획 : 8획

奉事봉사 : 웃어른을 받들어 섬김.
奉養봉양 : 부모나 조부모를 받들어 모심. ¶할머니를 **봉양**하다
奉唱봉창 : 엄숙한 마음으로 노래 부름.
奉行봉행 : 웃어른이 시키는 대로 받들어 행함.
信奉신봉 : 사상이나 학설, 교리 따위를 옳다고 믿고 받듦.

쓰는 순서 一 二 三 丰 夫 表 奉 奉

도움말 아름다운 꽃다발[丰 무성할 봉]을 두 손[廾←手 손 수]으로 받들어[廾 손
[丰+廾+丨] 맞잡을 공] 올리는 모양에서 '받들다', '드리다' 의 글자.

比

견줄 비

- 부수 : 견줄 비(比)
- 총획 : 4획

對比대비 : 두 가지의 차이를 밝히기 위해 서로 맞대어 비교함.
比例비례 : 한쪽의 양이나 수가 증가하는 만큼 그와 관련 있는 다른 쪽의
　　　　　양이나 수도 증가함.
比重비중 : 다른 것과 비교할 때 차지하는 중요도. ¶**비중**이 높다
比等비등 : 비교하여 볼 때 서로 비슷함. ¶**비등**한 경기를 펼치다

쓰는 순서 一 上 上 比

도움말 두 사람이 나란히 서 있는 모양을 본뜬 글자로, '견주다', '나란하다', '비
례' 의 뜻.

費

쓸 비

- 부수 : 조개 패(貝)
- 총획 : 12획

消費소비 : 돈이나 물건·시간 따위를 써 없앰. ↔ 생산(生産).
費用비용 : 무엇을 사거나 어떤 일을 하는 데 드는 돈.
工費공비 : 공사를 하는 데 드는 비용.
食費식비 : 음식비. 식생활에 드는 비용.
車費차비 : 차를 타는 데에 드는 비용. ¶차비를 내다

쓰는 순서: 一 二 弓 弗 弗 弗 弗 費 費 費 費 費

도움말 [弗+貝] 돈[貝 돈 패]을 헛되이 써버리는[弗 떨어버릴 불] 모양에서 '허비하다', '없애다', '소모하다'의 뜻.

鼻

코 비

- 부수 : 코 비(鼻)
- 총획 : 14획

鼻祖비조 : 어떤 일을 가장 먼저 시작한 사람. 원조(元祖). 시조(始祖).
鼻音비음 : 입 안의 통로를 막고 코로 공기를 내보내면서 내는 소리. 콧소리.

쓰는 순서: ′ ′ 冂 冂 自 自 自 鳥 鳥 鼻 畠 畠 鼻 鼻

도움말 [自+畀] 본디 코를 뜻했던 '自'[自 스스로 자]에 흡입해 준다[畀 줄 비]는 글자를 덧붙여 '코'의 뜻으로 쓰게 됨.

氷

얼음 빙

- 부수 : 물 수(水)
- 총획 : 5획

氷河빙하 : 육상에 퇴적한 거대한 얼음 덩어리가 중력에 의하여 강처럼 흐르는 것.
氷山빙산 : 남극이나 북극의 바다에 떠 있는 거대한 얼음덩이.
氷雪빙설 : 얼음과 눈.
氷水빙수 : 얼음냉수. ¶빙수를 마시다

쓰는 순서: 亅 冫 汁 氷 氷

도움말 [冫+水] 氷=冰(본자). 물[水 물 수]이 얼어붙은[冫 얼음 빙] 모양에서 '얼음', '얼다'는 뜻이 됨.

人
士 사
仕 사
史 사

士 선비 사

- 부수 : 선비 사(士)
- 총획 : 3획

士氣사기 : 의욕이나 자신감 따위로 충만하여 굽힐 줄 모르는 기세. ¶**사기**가 높다
力士역사 : 뛰어나게 힘이 센 사람.
軍士군사 : 군대에서 장교의 지휘를 받는 군인. ¶**군사** 훈련
人士인사 : 사회적인 지위가 있는 사람. ¶각계의 저명한 **인사**

쓰는 순서: 一 十 士

도움말 [一+十] 하나[一 한 일]를 배우면 열[十 열 십]을 깨우치는 사람이라는 데서 '선비'를 뜻하는 글자.

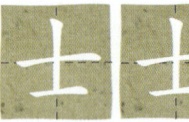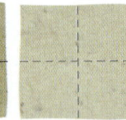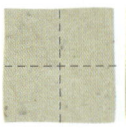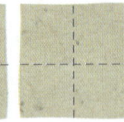

仕 섬길 사

- 부수 : 사람 인(亻)
- 총획 : 5획

奉仕봉사 : 자신의 이해를 돌보지 아니하고 몸과 마음을 다하여 일함. ¶**봉사** 활동
給仕급사 : 관청이나 회사, 가게 따위에서 잔심부름을 시키기 위하여 부리는 사람.
出仕출사 : 벼슬을 하여 관청에 출근함.

쓰는 순서: ノ 亻 仁 什 仕

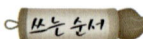

도움말 [亻+士] 선비[士] 가운데 덕을 쌓고 학문에 힘쓴 사람[亻=人 사람 인]이 나라 일을 맡는다는 데서 '벼슬', '살피다', '섬기다'의 뜻.

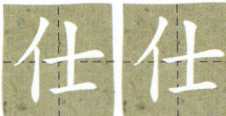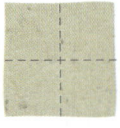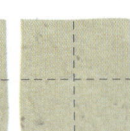

史 사기 사

- 부수 : 입 구(口)
- 총획 : 5획

國史국사 : 나라의 역사.
史記사기 : 역사적 사실을 적은 책. 사서(史書).
史料사료 : 역사의 연구와 편찬에 필요한 문헌이나 유물 따위의 자료.
人類史인류사 : 인류가 형성하여 온 역사.
史上사상 : 역사에 나타나 있는 바. 역사상(歷史上). ¶**사상** 최대

쓰는 순서: 丶 口 口 史 史

도움말 [中+ㄟ] 손[ㄟ←又 오른손 우]에 붓을 들어 사실을 바르게[中 가운데 중] 기록하는 모양을 본뜬 글자로, '기록하다', '역사', '사관(史官)'의 뜻.

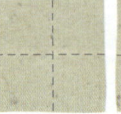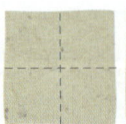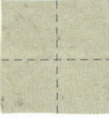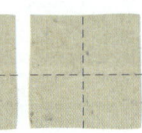

査

조사할 사

- 부수 : 나무 목(木)
- 총획 : 9획

調査조사 : 어떤 사실이나 사물의 내용을 뚜렷하게 알기 위하여 자세히 살펴보거나 찾아봄. ¶인구 **조사**
實査실사 : 실제로 검사하거나 조사함. ¶재고품 **실사**
考査고사 : 자세히 생각하고 조사함. 학생의 학업 성적을 평가하는 시험. ¶중간 **고사**

쓰는 순서 : 一 十 ナ 木 木 杏 杏 查 査

도움말 [木+且] : 겹겹으로 포개진[且 또 차] 나이테를 세어 몇 년 된 나무[木 나무 목]인지 알아내는 데서 '조사하다', '살피다'의 뜻이 됨.

思

생각 사

- 부수 : 마음심(心)
- 총획 : 9획

思考사고 : 생각하고 궁리함. ¶논리적 **사고**
意思의사 : 무엇을 하려고 하는 생각이나 마음. ¶**의사** 전달
心思심사 : 어떤 일에 대한 여러 가지 마음의 작용. ¶**심사**를 헤아리다
思春期사춘기 : 육체적·정신적으로 성인이 되는 시기.

쓰는 순서 : 丨 冂 冂 曰 田 田 思 思 思

도움말 [田+心] : 옛날에는 사람이 머리[田←囟 정수리 신]나 가슴[心 마음 심]으로 생각한다고 여긴 데서 '생각하다', '그리워하다'의 뜻이 됨.

寫

베낄 사

- 부수 : 갓머리(宀)
- 총획 : 15획

手寫수사 : 직접 베낌.
筆寫本필사본 : 베껴 쓴 책. 수사본(手寫本). ↔ 간본(刊本).
寫生畫사생화 : 실재하는 사물을 보고 모양을 간추려서 그린 그림.
寫本사본 : 원본을 그대로 베낌. 또는 베낀 책이나 서류.
寫實사실 : 사물을 있는 그대로 그려 냄. 사진(寫眞). ¶**사실** 묘사

쓰는 순서 : 丶 宀 宀 宀 宀 宀 宀 宮 宮 穹 穹 寫 寫 寫 寫

도움말 [宀+舄] : 까치[舄=鵲 까치 작]가 둥우리[宀 집 면] 주위를 옮겨 앉는 모양에서 글이나 그림을 '베끼다', '옮기다'는 뜻의 글자가 됨.

産 낳을 산

- 부수: 날 생(生)
- 총획: 11획

- 生産생산: 인간 생활에 필요한 물건을 만듦. ↔ 소비(消費).
- 産業산업: 생산을 목적으로 하는 사업.
- 出産출산: 아기를 낳음. ¶출산 휴가
- 産苦산고: 아이를 낳는 고통. ¶산고를 겪다
- 家産가산: 집안의 재산. ¶가산을 탕진하다

쓰는 순서: 亠 产 产 产 产 产 产 産 産 産 産

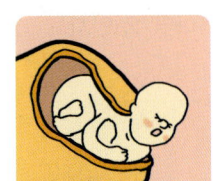

도움말 [产+生] 원래 사내아이[产←彦 선비 언]를 낳는다[生 날 생]는 데서 만들어진 글자로, '낳는다', '생산하다'의 뜻.

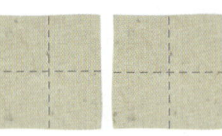

相 서로/정승 상

- 부수: 눈 목(目)
- 총획: 9획

- 相對상대: 서로 마주 대함, 또는 그 대상.
- 相爭상쟁: 서로 다툼.
- 相通상통: 서로 마음과 뜻이 통함.
- 相談상담: 서로 의논함.
- 首相수상: 내각의 우두머리.

쓰는 순서: 一 十 才 木 朩 朴 相 相 相

도움말 [木+目] 재목을 고르기 위해 살피는 동안 나무[木 나무 목]와 눈[目 눈 목]이 서로 마주한다는 데서 '서로', '모양'의 뜻을 나타냄.

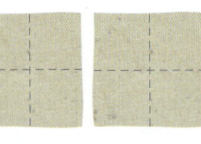

商 장사 상

- 부수: 입 구(口)
- 총획: 11획

- 商品상품: 사고파는 물품.
- 商船상선: 상업을 위해 항해하는 배를 통틀어 이르는 말.
- 商業상업: 상품을 사고팔아 이익을 얻는 일.
- 商界상계: 상업계의 준말.
- 商號상호: 상인이 영업상 자기를 표시하기 위하여 쓰는 명칭.

쓰는 순서: 亠 一 产 产 产 产 商 商 商 商

도움말 [亠+冏] 고지대[冏←冂(높은)+口(곳)]에서 살며 행상하던 상(商)나라 사람이 셈에 밝았던[亠←章 밝을 장] 데서 '장사', '헤아리다'의 뜻이 됨.

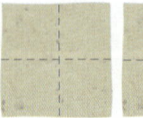

賞

상줄 상

- 부수 : 조개 패(貝)
- 총획 : 15획

賞品상품 : 상으로 주는 물품.
大賞대상 : 경연 대회 등에서, 가장 우수한 사람이나 단체에게 주는 상. 그랑프리. ¶ 영예의 **대상**
賞金상금 : 상으로 주는 돈.

쓰는 순서: 丨 丷 少 华 쓔 崩 峃 党 堂 岩 常 賞 賞 賞 賞

도움말 [尙+貝] 공이 있는 사람을 높이기[尙 높일 상] 위해 재물[貝 돈 패]을 내리는 데서 '상주다', '칭찬하다'의 뜻이 됨.

 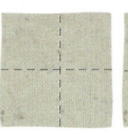 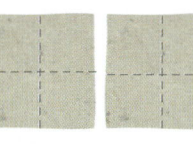  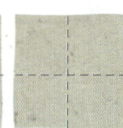

序

차례 서

- 부수 : 엄호(广)
- 총획 : 7획

順序순서 : 정하여져 있는 차례. ¶ 순서를 지키다
有序유서 : 질서가 있음.
序曲서곡 : 가극, 성극, 조곡 따위의 막을 열기 전이나 주요한 부분을 시작하기 전에 연주하는 기악곡.
序文서문 : 책의 첫머리에 내용, 목적 따위를 간략하게 적은 글. 머리말.

쓰는 순서: 丶 亠 广 庐 庐 序 序

도움말 [广+予] 집[广 집 엄]을 안채와 사랑채로 구분하기 위해[予 취할 여] 순서대로 담을 쌓은 데서 '차례', '실마리'의 뜻이 됨.

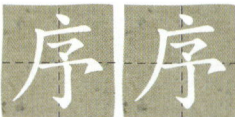 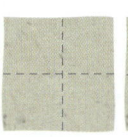 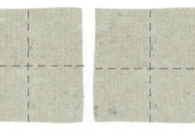  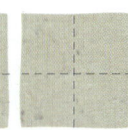

仙

신선 선

- 부수 : 사람 인(亻)
- 총획 : 5획

仙女선녀 : 선경(仙境)에 산다는 여자.
神仙신선 : 선도(仙道)를 닦아 신통력을 얻은 사람. 속세를 떠나 선경에 살며, 늙지 않고 고통도 없이 산다고 함.
仙人선인 : 도(道)를 닦아서 현실의 인간 세계를 떠나 자연과 벗하며 산다는 상상의 사람. 신선(神仙).

쓰는 순서: 丿 亻 仏 仙 仙

도움말 [亻+山] 산[山 메 산]에 살며 도를 이룬 사람[亻=人 사람 인]을 가리키는 글자로, '신선'을 뜻함.

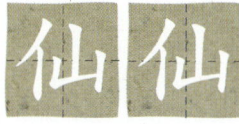 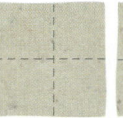 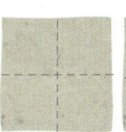 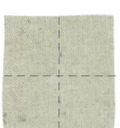 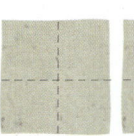 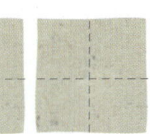

船

배 선

- 부수 : 배 주(舟)
- 총획 : 11획

漁船어선 : 고기잡이를 하는 데 쓰는 배. 고기잡이배.
戰船전선 : 전투에 사용하는 배.
同船동선 : 배를 같이 탐.
船長선장 : 항해를 지휘하고 선원을 감독하는 최고 책임자.
船體선체 : 배의 몸체.

쓰는 순서 ノ 丿 丨 月 月 舟 舟 舩 船 船 船

도움말 [舟+凸] 골짜기의 늪[凸 산속늪 연]이나 강을 오가는 운송 수단인 '배[舟 배 주]'를 뜻하는 글자.

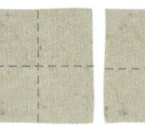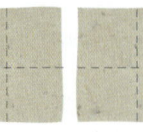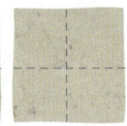

善

착할 선

- 부수 : 입 구(口)
- 총획 : 12획

善惡선악 : 착함과 악함. ¶ **선악**을 판단하다
善意선의 : 착한 마음. 좋은 뜻. ¶ **선의**의 경쟁
善行선행 : 착한 행동. ¶ **선행**을 칭찬하다 ↔ 악행(惡行)
最善최선 : 가장 좋거나 훌륭함. 또는 그런 것. ¶ **최선**의 길
善心선심 : 착한 마음. 남을 돕고자 하여 베푸는 후한 마음.

쓰는 순서 丶 丷 丛 丛 羊 羊 羊 羊 盖 盖 善 善

도움말 [羊+言] 양[羊 양 양]처럼 온순한 사람은 말할 것 없이[言←言 다투어말할 경] 착하다는 데서 '좋다', '선하다'는 뜻이 됨.

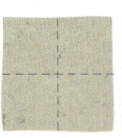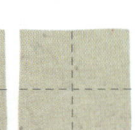

選

가릴 선

- 부수 : 책받침(辶)
- 총획 : 16획

選定선정 : 많은 것 중에서, 골라서 정함. ¶ 작품 **선정**
選出선출 : 여럿 가운데서 고르거나 뽑아냄. ¶ 회장 **선출**
再選재선 : 한 번 당선된 사람이 다시 두 번째 당선됨.
選別선별 : 가려서 골라내거나 추려냄. ¶ **선별** 작업
決選결선 : 결선 투표로 당선자를 결정함. 또는 그 선거.

쓰는 순서 一 丨 巳 巳 巴 巴 巴 巴 巽 巽 巽 巽 選 選 選

도움말 [巽+辶] 제사를 지내러 갈[辶=辵 쉬엄쉬엄갈 착] 공손한[巽 공손할 손] 사람을 고른다는 데서 '뽑다', '가리다'는 뜻이 됨.

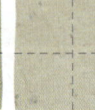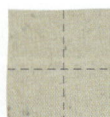

鮮

고울 선

- 부수: 물고기 어(魚)
- 총획: 17획

朝鮮조선: 이성계가 고려를 멸하고 세운 나라.
鮮明선명: 산뜻하고 밝음. ¶**선명**한 사진
新鮮신선: 새롭고 산뜻함. ¶**신선**한 바람
新鮮度신선도: 신선한 정도. ¶**신선도**가 떨어지다
鮮血선혈: 갓 흘러나온 붉은 피. ¶**선혈**이 낭자하다

쓰는 순서: ﾉ ｸ ｸ ｸ ｸ 刍 刍 刍 刍 魚 魚 魚 魚 鮮 鮮 鮮 鮮

도움말 [魚+羊]: 부드러운 양고기[羊 양 양]처럼 싱싱한 물고기[魚 물고기 어]의 맛을 나타내는 데서 '깨끗하다', '곱다', '생선' 뜻이 됨.

說

말씀 설 / 달랠 세

- 부수: 말씀 언(言)
- 총획: 14획

說明설명: 어떤 일이나 대상의 내용을 알기 쉽게 밝혀서 말함.
說話설화: 각 민족 사이에 전승되어 온 이야기를 이르는 말.
小說소설: 작가의 경험과 상상력을 기초로 허구적으로 쓴 문학.
說敎설교: 남에게 무엇을 설득하려고 여러 말로 타일러 가르침.
說客세객: 유세하러 다니는 사람.

쓰는 순서: 一 二 三 言 言 言 言 訂 訢 訅 說 說

도움말 [言+兌]: 자세하게 말[言 말씀 언]하여 기뻐하도록[兌 기쁠 태] 설명하는 모양에서 '말씀', '고하다'는 뜻이 됨.

性

성품 성

- 부수: 마음 심(忄)
- 총획: 8획

理性이성: 사물의 이치를 논리적으로 생각하고 판단하는 성질.
感性감성: 느낌을 받아들이는 성질. 감수성. ¶**감성**이 무디다
急性급성: 갑작스럽게 일어나거나 급히 악화되는 성질.
人性인성: 사람의 성품. ¶**인성**이 곱다
天性천성: 선천적으로 타고난 성질. ¶**천성**이 바르다

쓰는 순서: ﾉ 忄 忄 忄 忄 忰 性 性

도움말 [忄+生]: 날[生 날 생] 때부터 지니고 태어난 마음[忄=心 마음 심]이라는 데서 '성품', '바탕'을 나타냄.

洗

씻을 세

- 부수 : 삼수변(氵)
- 총획 : 9획

洗手세수 : 얼굴을 씻음. 세면(洗面).
洗面세면 : 얼굴을 씻음. 세수(洗手).
洗車세차 : 자동차의 겉·바퀴·엔진 등에 묻은 흙이나 먼지 따위를 씻어 내는 일.
領洗영세 : 세례를 받는 일. 또는 그 세례. ¶**영세**를 받다

쓰는 순서 : 丶 ㇀ 氵 氵 沪 冴 沖 洗 洗

도움말 손발을 씻을 때 물[氵=水 물 수]에 손보다 발을 먼저[先 먼저 선] 넣고 씻는다는 데서 '씻다', '발 씻다'는 뜻이 됨.
[氵+先]

 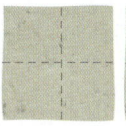

歲

해 세

- 부수 : 그칠 지(止)
- 총획 : 13획

年歲연세 : '나이'의 높임말.
萬歲만세 : 축복 또는 승리를 기뻐하는 뜻으로 외치는 소리.
歲月세월 : 흘러가는 시간. ¶**세월**이 흐르다
歲入세입 : 한 회계 연도에 있어서의 총수입. ↔ 세출(歲出)
歲費세비 : 국가 기관이 한 해 동안 쓰는 비용.

쓰는 순서 : 丨 ㅏ 止 止 广 产 片 片 片 歩 歳 歳 歳

도움말 유목민들이 옮겨다니다가[步 걸음 보] 겨울에는 한곳에 머물러 적과 싸우며[戌 때려부술 술] 봄을 기다리는 동안 해가 바뀐 데서 '해'의 뜻이 됨.
[步+戌]

 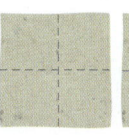

束

묶을 속

- 부수 : 나무 목(木)
- 총획 : 7획

約束약속 : 어떤 일에 대하여 어떻게 하기로 미리 정해 놓고 서로 어기지 않을 것을 다짐함. ¶**약속** 장소
團束단속 : 주의를 기울여 단단히 다잡거나 보살핌. ¶업무 **단속**
結束결속 : 뜻이 같은 사람끼리 하나로 뭉침. ¶회원의 **결속**을 다지다

쓰는 순서 : 一 ㄱ 冂 冃 束 束 束

도움말 나무[木 나무 목]를 줄로 감아[囗←圍 에울 위] 묶은 모양에서 '묶다', '동이다', '단속하다'를 뜻하게 됨.
[木+囗]

머리 **수**

부수 : 머리 수(首)
총획 : 9획

首席수석 : 등급이나 직위 따위의 맨 윗자리. ↔ 말석(末席) ¶ **수석**을 차지하다
首都수도 : 한 나라의 중앙 정부가 있는 도시. 서울.
首相수상 : 내각의 우두머리.
船首선수 : 배의 머리 쪽. 뱃머리. 이물.

쓰는 순서 : 丷 𠃍 𠂆 𦣻 首 首

도움말 : 털[丷]이 나 있는 머리[百]를 본뜬 글자로, 몸의 맨 위에 있어 '먼저', '우두머리', '처음'의 뜻이 됨.

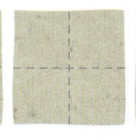   

잘 별자리 **수**

부수 : 갓머리(宀)
총획 : 11획

宿題숙제 : 학생에게 내어 주는 과제.
宿食숙식 : 남의 집이나 숙박 시설 등에서 잠을 자고 끼니를 먹음, 또는 그 일. ¶ **숙식** 제공
宿所숙소 : 주로 객지에서 머물러 묵는 곳.
合宿합숙 : 여러 사람이 한곳에서 묵음. ¶ **합숙** 훈련

쓰는 순서 : 丶 宀 宀 宀 宀 宀 宿 宿 宿 宿

도움말 : 집[宀 집 면]에서 많은[百 일백 백] 사람[亻=人 사람 인]들이 잠을 잔다는 [宀+亻+百] 데서 '자다', '머무르다', '쉬다'의 뜻이 됨.

  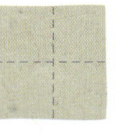 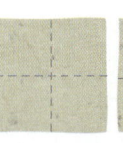 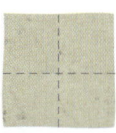  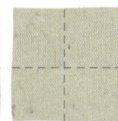

순할 **순**

부수 : 머리 혈(頁)
총획 : 12획

順行순행 : 차례대로 진행됨.
順理순리 : 마땅한 도리나 이치. ¶ **순리**대로 살다
順番순번 : 차례로 돌아오는 번, 또는 그 순서. ¶ **순번**을 짜다
順位순위 : 차례나 순서를 나타내는 위치나 지위. ¶ 성적 **순위**
筆順필순 : 글씨를 쓸 때 붓을 놀리는 차례.

쓰는 순서 : 丿 丿 川 川 川 川 順 順 順 順 順 順

도움말 : 물[川 내 천]이 위에서 아래로 흐르고, 사람 몸은 머리[頁 머리 혈]에서 발 끝까지 순리를 따른다는 데서 '순하다', '좇다', '차례'의 뜻이 됨.
[川+頁]

      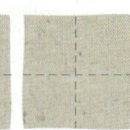

示 보일 시

- 부수 : 보일 시(示)
- 총획 : 5획

展示전시 : 물품 따위를 늘어놓아 보임. ¶도서 **전시**
表示표시 : 겉으로 드러내어 보임. ¶성의 **표시**
訓示훈시 : 가르쳐 보이거나 타이름. ¶교장 선생님의 **훈시**
告示고시 : 일반에게 널리 알림. 특히, 국가 기관 따위에서 어떤 일을 일반에게 널리 알리는 일. ¶내무부 **고시**

쓰는 순서 : 一 二 テ 亓 示

도움말 제물을 차려 놓은 제단의 모양을 본뜬 글자로, 제사를 지내면 신이 암시를 내린다는 데서 '보이다', '가르치다' 의 뜻이 됨.

   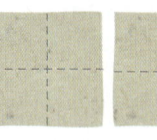 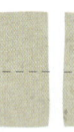 

識 알 식 / 기록할 지

- 부수 : 말씀 언(言)
- 총획 : 19획

知識지식 : 배우거나 연구하여 알고 있는 내용, 또는 범위. ¶**지식**을 쌓다
意識의식 : 깨어 있을 때의 마음의 작용이나 상태. ¶**의식** 불명
識別식별 : 사물의 성질이나 종류 따위를 구별함. ¶**식별** 능력
學識학식 : 학문으로 얻은 식견. 학문과 식견. ¶풍부한 **학식**

쓰는 순서 : 一 二 ㅊ 言 言 言 言 言 訶 訶 語 語 語 諳 識 識 識

도움말 [言+戠] 전해 내려오는 말[言 말씀 언]이나 소리[音 소리 음]를 흙벽에 창칼[戈 창 과]로 새겨 많은 사람들이 보도록 한 데서 '알다', '기록하다' 는 뜻이 됨.

 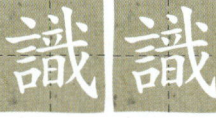 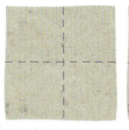 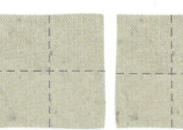 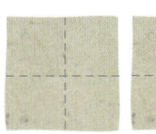 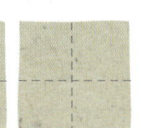

臣 신하 신

- 부수 : 신하 신(臣)
- 총획 : 6획

家臣가신 : 봉건 시대에, 공경대부의 집에 딸려 그들을 섬기던 사람.
臣下신하 : 임금을 섬기어 벼슬하는 사람.
功臣공신 : 나라에 공로가 있는 신하.
使臣사신 : 지난날, 나라의 명을 받아 외국에 파견되던 신하.

쓰는 순서 : 一 丅 丅 丒 臣 臣

도움말 임금 앞에 삼가 꿇어 엎드린 신하의 모양을 본뜬 글자로, '신하', '백성' 의 뜻.

實

열매 실

부수 : 갓머리(宀)
총획 : 14획

果實과실 : 열매. 과일.
現實현실 : 바로 눈앞에 사실로서 나타나 있는 사물이나 상태.
事實사실 : 실제로 있거나 실제로 있었던 일. ¶ **사실**을 밝히다
實感실감 : 실제로 대하고 있는 것처럼 느낌. 또는 그 감정.
實力실력 : 실제로 일을 해낼 수 있는 능력. ¶ **실력**을 발휘하다

쓰는 순서 : 丶丶宀宀宇宇宙宙實實實實實實

도움말 [宀+貫] 원래는 집[宀 집 면]에 돈꿰미[貫 꿸 관]가 가득함을 나타냈으나, 그 실한 모양에서 씨가 잘 여문 '열매', '사실'의 뜻으로 됨.

兒

아이 아

부수 : 어진사람인(儿)
총획 : 8획

兒童아동 : 어린아이.
男兒남아 : 남자. 사내아이. ¶ 대한 **남아** / **남아**를 선호하다
育兒육아 : 어린아이를 기름. ¶ **육아** 일기
小兒소아 : 어린아이.
園兒원아 : 유치원에 다니는 아이. ¶ **원아** 모집

쓰는 순서 : 丶丶丨日日臼臼兒

도움말 정수리의 숫구멍[臼(굳지 않은 숫구멍 형상)]이 채 굳지 않고 머리통만 큰 갓난아이[儿 사람 인]의 모양을 본뜬 글자로, '아이', '어리다'는 뜻.

惡

악할 악
미워할 오

부수 : 마음 심(心)
총획 : 12획

惡材악재 : 증권 거래소에서 시세 하락의 원인이 되는 조건.
罪惡죄악 : 죄가 될 만한 나쁜 짓. ¶ **죄악**을 범하다
害惡해악 : 해가 되는 나쁜 영향. ¶ **해악**을 끼치다
惡用악용 : 나쁘게 이용함. ↔ 선용(善用). ¶ 지위를 **악용**하다
惡寒오한 : 갑자기 몸에 열이 나면서 오슬오슬 추운 증세.

쓰는 순서 : 一丅丌丌丏西西亞亞惡惡惡

도움말 [亞+心] 흉하게 굽은[亞 곱사등이 아] 마음[心 마음 심]을 가리키는 글자로 '나쁘다', '미워하다'는 뜻.

案 책상/상고할 안

- 부수 : 나무 목(木)
- 총획 : 10획

方案방안 : 일을 처리할 방법이나 계획. ¶구체적인 **방안**
案內안내 : 어떤 곳에 데려다 줌. ¶관광 **안내**
圖案도안 : 작품의 형상이나 모양 등을 그림으로 나타낸 것.
代案대안 : 어떤 안을 대신하는 다른 안. ¶**대안**을 내놓다
立案입안 : 실행에 앞서 안을 세움. ¶정책 **입안**

쓰는 순서 : ⼀ ⼧ 宀 宊 安 安 安 宲 案 案

도움말 [安+木] : 편안하게[安 편안할 안] 앉아 책을 읽을 수 있게 나무[木 나무 목]로 만든 기구의 모양에서 '책상', '고안', '생각하다'는 뜻이 됨.

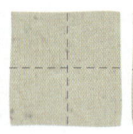

約 맺을 약

- 부수 : 실 사(糸)
- 총획 : 9획

節約절약 : 아끼어 씀. 아낌. ¶에너지 **절약**
要約요약 : 말이나 글에서 중요한 것만을 추려 냄. ¶줄거리 **요약**
公約공약 : 정부, 정당, 입후보자 등이 어떤 일에 대해 국민에게 실행할 것을 약속함, 또는 그런 약속. ¶선거 **공약**
言約언약 : 말로 약속함. 또는 그런 약속. ¶**언약**을 맺다

쓰는 순서 : ⼂ ⼃ 幺 幺 糸 糸 糸 紗 約 約

도움말 [糸+勺] : 실[糸 실 사]로 작은[勺 구기 작(1홉의 1/10)] 매듭을 맺는 모양에서 '맺다', '약속하다'는 뜻이 됨.

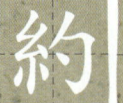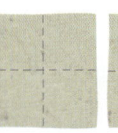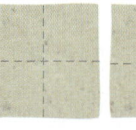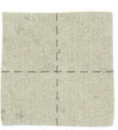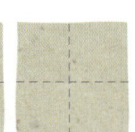

養 기를 양

- 부수 : 먹을 식(食)
- 총획 : 15획

養魚양어 : 물고기를 길러 번식시킴. 또는 그 물고기.
敎養교양 : 학문, 지위, 사회생활을 바탕으로 이루어지는 품위.
養育양육 : 아이를 돌보아 길러 자라게 함. ¶자녀 **양육**
養分양분 : 영양이 되는 성분. ¶**양분**을 섭취하다
養老院양로원 : 의지할 데 없는 노인들을 돌보아 주는 시설.

쓰는 순서 : ⼂ ⼃ ⼞ ⺷ ⺷ 羊 羊 美 美 羡 羡 卷 養 養 養

도움말 [羊+食] : 양[羊 양 양]을 먹여[食 밥 식] 기른다는 데서 '기르다', '다스리다'는 뜻이 됨.

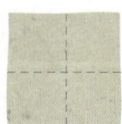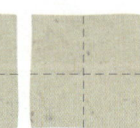

고기/물고기 어

- 부수 : 물고기 어(魚)
- 총획 : 11획

魚族어족 : 물고기의 종족. 어류(魚類).
魚類어류 : 물속에 살며 온몸이 비늘로 덮여 있고 아가미로 호흡을 하는 것, 곧 물고기를 통틀어 이르는 말.
活魚활어 : 살아 있는 물고기.
大魚대어 : 큰 물고기. ¶대어를 낚다

쓰는 순서 ノ ⺈ ⺈ 乌 乌 甬 甬 魚 魚 魚 魚

 **도움말** 머리[⺈], 몸통[田], 지느러미[灬] 등 물고기의 모양을 본뜬 글자로, '고기', '생선'의 뜻.

고기잡을 어

- 부수 : 삼수변(氵)
- 총획 : 14획

漁夫어부 : 고기잡이를 업으로 하는 사람. 고기잡이. 어부(漁父).
漁業어업 : 영리를 목적으로 물고기, 조개, 김, 미역 따위를 잡거나 기르는 산업. 또는 그런 직업. ¶근해 **어업**
漁具어구 : 고기잡이에 쓰는 도구.
漁村어촌 : 어민들이 모여 사는 바닷가 마을.

쓰는 순서 丶 丶 氵 氵 氵 氵 沪 浥 浥 渔 渔 漁 漁 漁

도움말 [氵+魚] 물[氵=水 물 수] 속에서 사는 고기[魚 물고기 어]를 잡는 일에서, '고기 잡다', '낚다'는 뜻이 됨.

억 억

- 부수 : 사람 인(亻)
- 총획 : 15획

億萬長者억만장자 : 재산을 헤아리기 어려울 정도로 많이 가진 부자.
數億수억 : 억의 두서너 배가 되는 수. ¶**수억** 달러에 이르는 공사비

쓰는 순서 ノ 亻 亻 亻 亻 伊 伊 倍 倍 倍 億 億 億

도움말 [亻+意] 사람[亻=人 사람 인]의 뜻[意 뜻 의]대로 되니 편안하나, 편안함을 바라는 마음은 한이 없는 데서 큰 수를 나타냄. '억', '편안하다', '많다'는 뜻.

熱 더울 열

- 부수 : 불 화(灬)
- 총획 : 15획

熱氣열기 : 고조된 흥분, 또는 그런 분위기. ¶월드컵의 **열기**
熱意열의 : 무슨 일을 이루려고 열성을 다하는 마음.
熱情열정 : 어떤 일에 열중하는 마음. ¶**열정**을 쏟다
熱火열화 : 매우 격렬한 열정을 비유적으로 이르는 말.
身熱신열 : 병 때문에 오르는 몸의 열.

쓰는 순서: 一 十 土 去 去 去 坴 幸 刲 埶 埶 埶 埶 熱 熱

도움말: 타오르는 불길[灬=火 불 화]이 세찬[埶←勢 형세 세] 모양에서 '뜨겁다', [埶+灬] '덥다'는 뜻이 됨.

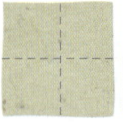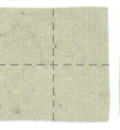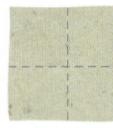

葉 잎 엽

- 부수 : 초두(艹)
- 총획 : 13획

葉書엽서 : '우편엽서'의 준말.
中葉중엽 : 시대나 세기를 나타내는 말 뒤에 쓰여 어떠한 시대를 처음·가운데·끝의 셋으로 나눌 때 그 가운데 부분을 이르는 말.
¶20세기 **중엽**

쓰는 순서: 一 十 十 艹 世 世 苹 苹 莖 葷 葷 葉 葉

도움말: 초목[艹=艸 풀 초]에 나 있는 엷은[枼 엷을 엽] 잎의 모양을 나타낸 글자 [艹+枼]로, '잎', '세대'의 뜻.

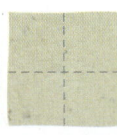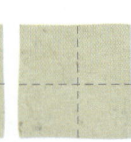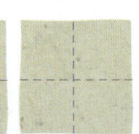

屋 집 옥

- 부수 : 주검 시(尸)
- 총획 : 9획

家屋가옥 : 사람이 사는 집. ¶**가옥**을 짓다
屋上옥상 : 현대식 건물에서, 지붕을 평면으로 만들어 놓은 곳.
屋外옥외 : 집의 바깥. 건물의 바깥. ↔ 옥내(屋內) ¶**옥외** 집회
社屋사옥 : 회사의 건물. ¶**사옥**을 신축하다
韓屋한옥 : 한국 고유의 건축 양식으로 지은 집. ↔ 양옥(洋屋)

쓰는 순서: 一 フ コ 尸 尸 尸 屋 屋 屋

도움말: 사람이 일상을 주관하며[尸 주관할 시] 머물러[至 이를 지] 살 수 있는 곳 [尸+至] 으로 '집', '지붕'의 뜻.

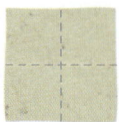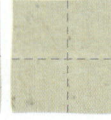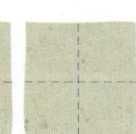

완전할 완

- 부수 : 갓머리(宀)
- 총획 : 7획

完工완공 : 공사를 마침. 준공(竣工). ¶학교 건물이 **완공**되다
完成완성 : 완전히 다 이룸. ¶**완성** 작품
完全완전 : 필요한 것이 모두 갖추어져 있음. 부족함이나 흠이 없음. ¶모든 일을 **완전**히 해결하다
完結완결 : 완전하게 끝맺음. 완결(完決).

쓰는 순서 : 丶丶宀宀宇宇完

도움말 [宀+元] : 담을 우뚝하게[元 으뜸 원] 쌓아올리고 지붕[宀 집 면]을 해 씌운다는 데서 '완전하다', '지키다'는 뜻이 됨.

구할/요긴할 요

- 부수 : 덮을 아(襾)
- 총획 : 9획

重要중요 : 귀중하고 요긴함. ¶**중요** 사항
要理요리 : 요긴한 이치나 도리.
要望요망 : 어떻게 해 주기를 바람. ¶**요망** 사항
要式요식 : 일정한 규정에 따를 것을 필요로 하는 양식.
要所요소 : 중요한 장소나 지점.

쓰는 순서 : 一一一一一一一一一一

도움말 [전서] : 여자[女 계집 녀]가 손으로 허리를 덮듯이[襾 덮을 아] 대고 서 있는 모양을 본뜬 글자로, '요하다', '구하다', '중하다'의 뜻.

빛날 요

- 부수 : 날 일(日)
- 총획 : 18획

曜日요일 : '요(曜)'를 붙이어 나타내는, 한 주일의 각 날을 이르는 말.
火曜日화요일 : 월요일을 기준으로 한 주의 둘째 날.

쓰는 순서 : 丨冂冂日 日⁷ 日⁷ 日⁷ 日⁷ 日⁷ 日⁷ 日⁷ 日⁷ 日⁷ 曜 曜

도움말 [日+翟] : 해[日 해 일]가 꿩[翟 꿩 적]처럼 높이 오르듯 그 빛이 환하게 비치는 모양에서 '빛', '빛나다'의 뜻이 됨.

한자능력검정시험 5급 **51**

목욕할 욕

- 부수 : 삼수변(氵)
- 총획 : 10획

浴室욕실 : 목욕하는 시설을 갖춘 방. '목욕실'의 준말.
海水浴해수욕 : 바다에서 헤엄치거나 노는 일.
日光浴일광욕 : 치료나 건강을 위하여 온몸을 드러내고 햇빛을 쬠. 또는 그런 일. ¶ **일광욕**을 즐기다

쓰는 순서 : 丶 氵 氵 氵 氵 浐 浐 浴 浴 浴

도움말 [氵+谷] 골짜기[谷 골 곡]를 흐르는 물[氵=水 물 수]에서 몸을 씻는다는 데서 '목욕하다', '깨끗이 하다'는 뜻이 됨.

벗 우

- 부수 : 또 우(又)
- 총획 : 4획

友軍우군 : 자기와 한편인 군대.
友情우정 : 친구 사이의 정. ¶ **우정**을 나누다
友愛우애 : 형제간이나 친구 사이의 도타운 정과 사랑. ¶ **우애**가 두텁다
級友급우 : 같은 학급에서 함께 공부하는 친구.
戰友전우 : 전장(戰場)에서 승리를 위해 생활과 전투를 함께 하는 동료.

쓰는 순서 : 一 ナ 方 友

도움말 [ナ+又] 손[ナ←又 오른손 우]에 손[又 오른손 우]을 마주잡고 서로 돕는 모양에서 '벗', '우애', '친하다'는 뜻이 됨.

소 우

- 부수 : 소 우(牛)
- 총획 : 4획

黃牛황우 : 황소.
韓牛한우 : 한국소.
農牛농우 : 농사일에 부리는 소.
牛黃우황 : 소의 쓸개 속에 병으로 생긴 덩어리.
牛角우각 : 쇠뿔.

쓰는 순서 : 丿 丶 二 牛

도움말 소의 양쪽 뿔과 머리, 어깨, 꼬리의 모양을 본뜬 글자.

비 우
- 부수 : 비 우(雨)
- 총획 : 8획

雨水우수 : 이십사절기의 하나. 2월 19일경.
雨衣우의 : 비옷.
雨期우기 : 1년 중에서 비가 계속해서 많이 내리는 시기.
雨量우량 : 내린 비의 분량. 강우량.
風雨풍우 : 바람과 비. 비바람. ¶풍우가 몰아치다

쓰는 순서 一 厂 冂 丙 丙 雨 雨 雨

도움말 하늘을 덮은 구름에서 물방울이 떨어지는 모양을 본뜬 글자로, '비', '비오다' 의 뜻.

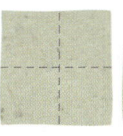 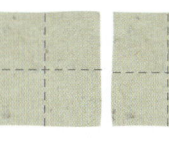  

구름 운
- 부수 : 비 우(雨)
- 총획 : 12획

雲集운집 : 구름처럼 모인다는 뜻으로, 사람이 많이 모임. ¶군중이 운집하여 인산인해를 이루었다
雲海운해 : 매우 높은 곳에서 널리 깔린 구름을 내려다보는 경치를 이르는 말.
白雲백운 : 색깔이 흰 구름.

쓰는 순서 一 厂 冂 丙 丙 雨 雨 雨 雲 雲 雲

도움말 [雨+云] 수증기가 피어오르며 모여들어[云 이를 운(구름이 회전하는 형상)] 비[雨 비 우]를 머금은 모양에서 '구름' 의 뜻이 됨.

 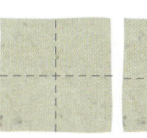 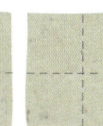 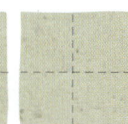

수컷 웅
- 부수 : 새 추(隹)
- 총획 : 12획

英雄영웅 : 지혜와 재능이 뛰어나고 용맹하여 보통 사람이 하기 어려운 일을 해내는 사람. ¶민족적 영웅
雄大웅대 : 웅장하고 큼. ¶웅대한 뜻을 품다

쓰는 순서 一 ナ 左 左 左 広 広 広 雄 雄 雄 雄

도움말 [厷+隹] 새[隹 새 추]들은 암컷보다 수컷의 날갯짓[厷←肱 팔뚝 굉]이 더 힘차다는 데서 모든 동물의 '수컷', '뛰어나다' 는 뜻이 됨.

 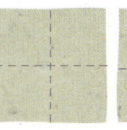 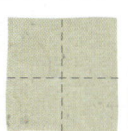 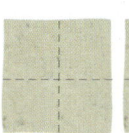 

元 으뜸 원

부수 : 어진사람인(儿)
총획 : 4획

元老원로 : 어떤 일에 오래 종사하여 경험과 공로가 많은 사람. ¶**원로** 배우
元祖원조 : 한 겨레의 맨 처음 조상. 어떤 일을 처음 시작한 사람. ¶**원조** 갈비집
身元신원 : 개인의 성장 과정과 관련된 자료. ¶**신원** 조회

쓰는 순서 : 一 二 テ 元

도움말 [二+儿] : 사람[儿 사람 인] 몸의 윗부분[二←上 위 상]에 있는 머리가 으뜸이라는 데서, '머리', '으뜸'의 글자가 됨.

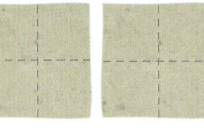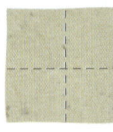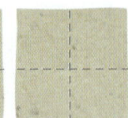

院 집/관청 원

부수 : 좌부방(阝)
총획 : 10획

病院병원 : 병자나 부상자를 진찰하고 치료하는 곳.
醫院의원 : 환자를 치료하는 곳. 병원보다 작은 규모임.
登院등원 : 의회에 출석함.
法院법원 : 사법권, 곧 재판하는 권한을 가진 국가 기관. 재판소.
院長원장 : '원(院)' 자가 붙은 기관이나 시설의 대표자.

쓰는 순서 : ˋ ㇋ 阝 阝' 阝'' 阝宀 阝宀 阝宀 阝完 院

도움말 [阝+完] : 언덕[阝=阜 언덕 부] 같은 담장을 튼튼하게[完 튼튼할 완] 둘러친 큰 집을 나타내는 글자로, '관청', '학교'의 뜻.

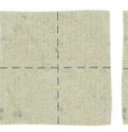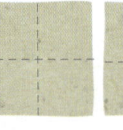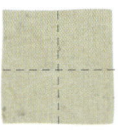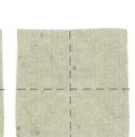

原 언덕 원

부수 : 민엄호(厂)
총획 : 10획

原因원인 : 사실의 근본이 되는 까닭. ¶근본 **원인**
原始원시 : 사물의 처음.
原紙원지 : 닥나무 껍질을 원료로 하여 뜬, 두껍고 질긴 종이.
原理원리 : 사물의 기본이 되는 이치나 법칙.
原油원유 : 땅속에서 나는 그대로의, 정제하지 않은 석유.

쓰는 순서 : 一 厂 厂 厂 斤 斤 盾 盾 原 原 原

도움말 [厂+泉] : 바위[厂 바위 엄] 밑에서 솟아나는 샘[泉←泉 샘 천]이 물줄기의 근원이라는 데서 '근본', '언덕'의 뜻이 됨.

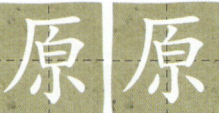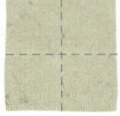

願

원할 원

- 부수 : 머리 혈(頁)
- 총획 : 19획

*所願*소원 : 무슨 일이 이루어지기를 바람, 또는 바라는 바.
*願書*원서 : 지원하거나 청원하는 뜻을 적은 서류. ¶입학 **원서**
*願望*원망 : 원하고 바람, 또는 원하고 바라는 바.
*念願*염원 : 늘 생각하고 간절히 바람, 또는 그러한 소원. ¶평화를 **염원**하다

쓰는 순서: 一厂厂厂厂厂厂原原原原原願願願願願願願

도움말 [原+頁] 머리[頁 머리 혈]는 생각의 근원[原 근원 원]임을 나타낸 글자로, 생각하는 일이 잘되기를 바라는 데서 '원하다', '생각하다'의 뜻이 됨.

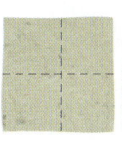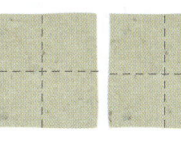

位

자리 위

- 부수 : 사람 인(亻)
- 총획 : 7획

*方位*방위 : 동서남북을 기준으로 하여 정한 방향. 방향.
*高位*고위 : 높은 지위. ¶**고위** 당직자
*位相*위상 : 어떤 사물이 다른 사물과의 관계에서 가지는 위치나 상태. ¶국가의 **위상**을 높이다
*地位*지위 : 있는 자리. 위치. 처지. ¶**지위**에 관계없이

쓰는 순서: 丿亻亻亻ㄕ位位位

도움말 [亻+立] 벼슬아치[亻=人 사람 인]들이 늘어선[立 설 립] 자리가 그 높고 낮음을 나타낸 데서 '지위', '자리', '벼슬'의 뜻이 됨.

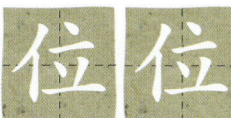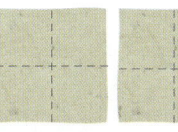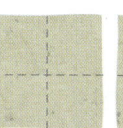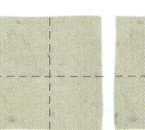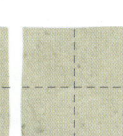

偉

클 위

- 부수 : 사람 인(亻)
- 총획 : 11획

*偉大*위대 : 도량이나 업적 따위가 크게 뛰어나고 훌륭함. ¶**위대**한 인물
*偉人*위인 : 위대한 일을 한 사람, 또는 뛰어나고 훌륭한 사람. ¶**위인** 전기
*偉業*위업 : 위대한 사업이나 업적. ¶**위업**을 달성하다
*偉力*위력 : 위대한 힘.

쓰는 순서: 丿亻亻亻ㄕ伊伊侾偉偉偉

도움말 [亻+韋] 일반 사람들보다 부드러운[韋 가죽 위] 인상의 사람[亻=人 사람 인]은 너그럽고 원만한 모양에서 '크다', '훌륭하다'는 뜻이 됨.

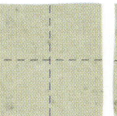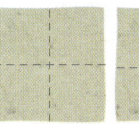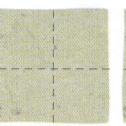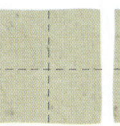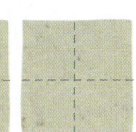

以 써 이

- 부수 : 사람 인(人)
- 총획 : 5획

所以소이 : 어떤 행위를 하게 된 까닭.
以上이상 : 어떤 수량·단계 따위를 나타내는 말 뒤에 쓰이어, '그것을 포함하여, 그것보다 많거나 위임'을 나타냄. ↔ 이하(以下).
所以然소이연 : 까닭, 이유.
以前이전 : 기준이 되는 때를 포함하여 그 전. ↔ 이후(以後).

쓰는 순서 ㅣ ㄴ 以 以 以

도움말 논밭을 갈 때는 사람[人 사람 인]이 쟁기[㠯(구부러진 쟁기 모양)]를 쓰고, 쟁기와 함께 앞으로 나아가는 모양에서 '쓰다', '까닭'의 뜻이 됨.

耳 귀 이

- 부수 : 귀 이(耳)
- 총획 : 6획

耳順이순 : 나이 60세를 이르는 말.
耳科이과 : 귀의 병을 고치는 의술.
耳目이목 : 귀와 눈을 아울러 이르는 말. 또는 주의나 관심. ¶남의 **이목**을 피하다

쓰는 순서 一 丁 丌 FF 耳 耳

도움말 사람의 귀 모양을 본뜬 글자.

因 인할 인

- 부수 : 큰입구(囗)
- 총획 : 6획

因果인과 : 원인과 결과를 아울러 이르는 말. ¶**인과** 관계
敗因패인 : 싸움이나 경기에 진 원인. ↔ 승인(勝因). ¶**패인**을 분석하다
因襲인습 : 이전부터 전해 내려오는 습관.
要因요인 : 중요한 원인. ¶실패의 **요인**
死因사인 : 죽게 된 원인. ¶**사인**을 규명하다

쓰는 순서 ㅣ 冂 冂 用 困 因

도움말 사방으로 담[囗=圍 에울 위]을 두르고 그 안에 사람이 팔다리를 뻗고[大 큰 대] 누운 모양에서 '의지하다', '인하다'는 뜻이 됨. [囗+大]

任

맡길 임

부수 : 사람 인(亻)
총획 : 6획

新任신임 : 새로 임명됨, 또는 그 사람. ¶ **신임** 장관
信任신임 : 믿고 일을 맡김. ¶ 부하를 **신임**하다
重任중임 : 중대한 임무. 무거운 소임. ¶ **중임**을 맡다
任期임기 : 일정한 임무를 맡아보는 기간. ¶ **임기**를 마치다
任用임용 : 어떤 일을 맡아 할 사람을 씀. ¶ 신규 **임용**

쓰는 순서 ノ 亻 亻 仁 任 任

도움말 [亻+壬] 사람[亻=人 사람 인]이 짐을 지듯[壬 짊어질 임] 책임을 진다는 데서 '맡기다', '맡다'의 뜻이 됨.

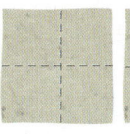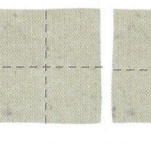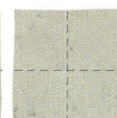

材

재목 재

부수 : 나무 목(木)
총획 : 7획

門材문재 : 문을 짜는 데에 쓰이는 좋은 재목.
材木재목 : 건축·토목·가구 따위의 재료로 쓰는 나무.
材料재료 : 물건을 만드는 데 들어가는 감. ¶ 음식 **재료**
藥材약재 : 약을 짓는 재료. 약재료.
題材제재 : 예술 작품이나 학술 연구의 바탕이 되는 재료.

쓰는 순서 一 十 十 木 木 材 材

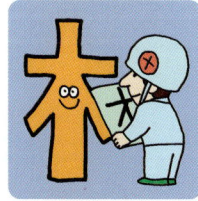

도움말 [木+才] 집을 지을 때 나무[木 나무 목]는 가장 중요한 바탕[才 바탕 재]인 데서 '재목', '감'의 뜻이 됨.

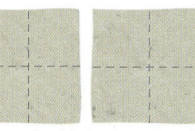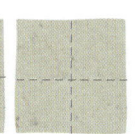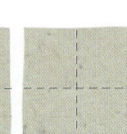

財

재물 재

부수 : 조개 패(貝)
총획 : 10획

財産재산 : 재화와 자산을 통틀어 이르는 말. ¶ **재산**을 몰수하다
財物재물 : 돈과 값나가는 물건. ¶ **재물**을 모으다
財界재계 : 실업가나 금융업자의 사회.
財力재력 : 재물의 힘. 재산상의 세력.
財數재수 : 재물에 대한 운수.

쓰는 순서 丨 冂 冂 月 目 貝 貝 貝 財 財

도움말 [貝+才] 살아가는 데 바탕[才 바탕 재]이 되는 필요한 재화[貝 돈 패]를 뜻하는 글자로, '재물', '재료'의 뜻.

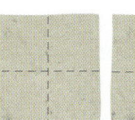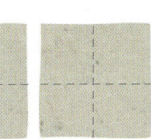

再 두/다시 재

- 부수 : 멀경(冂)
- 총획 : 6획

再昨年재작년 : 지난해의 바로 전 해. 그러께.
再考재고 : 다시 한 번 생각함. ¶**재고**의 여지도 없다
再生재생 : 버리게 된 물건을 다시 살려서 쓰게 만듦.
再活재활 : 다시 활동함. ¶**재활** 운동
再現재현 : 다시 나타남, 또는 나타냄. ¶사고 장면을 **재현**하다

쓰는 순서 : 一 丁 丏 再 再 再

도움말 나무토막을 쌓을 때, 쌓은[冉] 위에 더[一] 쌓는 모양을 본뜬 글자로, '다시', '거듭', '두 번'을 뜻함.

災 재앙 재

- 부수 : 불 화(火)
- 총획 : 7획

火災화재 : 불이 나는 재앙. ¶대형 **화재**
災害재해 : 재앙으로 말미암은 피해.
産災산재 : '산업 재해'의 준말.
天災천재 : 자연 현상으로 일어나는 재난. ↔ 인재(人災).
水災수재 : 큰물로 입는 재해. ¶**수재** 의연금

쓰는 순서 : 〈 巜 巛 巛 巛 災 災

도움말 [巛+火] 물[巛=川 내 천]로 인한 재난, 불[火 불 화]에 의한 재난 등 모든 재난을 뜻하는 글자로, '재앙', '재액'의 뜻.

爭 다툴 쟁

- 부수 : 손톱 조(爫)
- 총획 : 8획

戰爭전쟁 : 국가와 국가, 또는 교전 단체 사이에 서로 무력을 써서 하는 싸움. ¶**전쟁**을 일으키다
競爭경쟁 : 서로 앞서거나 이기려고 다툼. ¶생존 **경쟁**

쓰는 순서 : 丿 ⺈ ⺈ ⺈ 쭈 쭈 쭈 爭

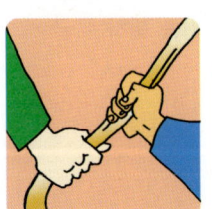

도움말 [爫+彐+亅] 손톱[爫=爪 손톱 조]을 드러내고 손[彐←又 오른손 우]으로 끌며[亅 갈고리 궐] 싸우는 모양에서 '다투다'는 뜻이 됨.

貯

쌓을 저

- 부수 : 조개 패(貝)
- 총획 : 12획

貯金저금 : 돈을 모아 둠, 또는 그 돈.
貯炭저탄 : 숯·석탄을 저장함.
貯水저수 : 물을 인공적으로 모음, 또는 그 물.

쓰는 순서 ｜ 冂 冂 冃 目 貝 貝 貝' 貝' 貯 貯 貯

도움말 [貝+宀] 쓰지 않고 재물[貝 돈 패]을 쌓아두는[宀 쌓을 저] 데서 '쌓다', '저장하다'는 뜻이 됨.

  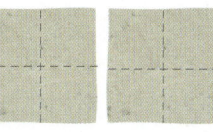  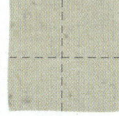

赤

붉을 적

- 부수 : 붉을 적(赤)
- 총획 : 7획

赤色적색 : 붉은빛. 빨강. ¶ **적색** 경보
赤字적자 : 수지 결산 등에서, 지출이 수입보다 많은 일. ↔ 흑자(黑字).
　　　　¶ **적자**가 나다
赤道적도 : 지구의 중심을 지나는 지축에 직각인 평면과 지표가 교차되는 선.

쓰는 순서 一 十 土 产 亓 赤 赤

도움말 [土+小] 큰 불[小←火 불 화]이 나서 땅[土 흙 토]이 붉게 보일 정도로 다 타버렸다는 데서 '붉다', '비다'는 뜻이 됨.

 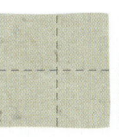 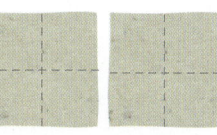 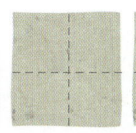 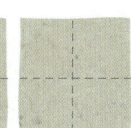

的

과녁 적

- 부수 : 흰 백(白)
- 총획 : 8획

目的목적 : 이룩하거나 도달하려고 하는 목표나 방향.
感情的감정적 : 쉽게 감정에 좌우되는 것. ¶ **감정적**인 행동
物質的물질적 : 물질에 관한 것. ¶ **물질적** 풍요
相對的상대적 : 다른 것과의 관계나 대립·상관 등으로 존재하는 것.

쓰는 순서 ′ 亻 ㇀ 自 白 的 的 的

도움말 [白+勺] 해처럼 둥글고 흰[白 흰 백] 작은[勺 작을 작] 동그라미의 모양에서 '과녁', '표준'을 뜻하게 됨.

 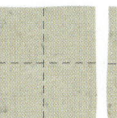 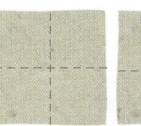  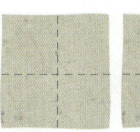 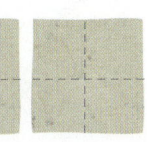

典

법/책 전

- 부수 : 여덟 팔(八)
- 총획 : 8획

法典법전 : 어떤 종류의 법규를 체계적으로 정리하여 엮은 책.
古典고전 : 오랫동안 많은 사람에게 널리 읽히고 모범이 될 만한 문학이나 예술 작품. ¶**고전** 문학
事典사전 : 여러 가지 사항을 모아 일정한 순서로 배열하여 설명·해설한 책. ¶백과 **사전**

쓰는 순서 : ㅣ 冂 冂 由 曲 曲 典 典

도움말 : 책상[丌←兀 책상 기] 위에 꽂혀 있는 책[曲←冊 책 책]의 모양에서, [曲+兀] '책', '법'의 뜻이 됨.

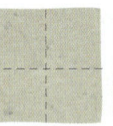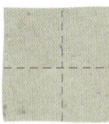

展

펼 전

- 부수 : 주검 시(尸)
- 총획 : 10획

發展발전 : 어떤 상태가 보다 좋은 상태로 되어 감. ¶경제 **발전**
展開전개 : 논리나 사건, 이야기의 장면 따위가 점차 크게 펼쳐짐. ¶이론을 **전개**하다
展望전망 : 멀리 바라봄. 또는 멀리 바라다보이는 풍경. 앞날을 미리 내다봄. ¶사업 **전망**이 밝다

쓰는 순서 : ㄱ ㄱ 尸 尸 尸 屈 屈 展 展 展

도움말 : 사람이 옷[衣←襄 비단옷 전]을 입고 편하게 누우면[尸 주검 시(팔다리를 [尸+衣] 편 모양)] 옷이 펼쳐지는 데서, '펴다', '늘이다'는 뜻이 됨.

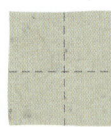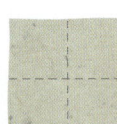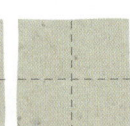

傳

전할 전

- 부수 : 사람 인(亻)
- 총획 : 13획

傳說전설 : 옛날부터 민간에서 전하여 내려오는 이야기.
傳記전기 : 한 사람의 일생 동안의 행적을 적은 기록. ¶한국 위인 **전기**
傳來전래 : 예로부터 전해 내려옴. ¶**전래** 동화
傳言전언 : 말을 전함. 또는 그 말.
口傳구전 : 말로 전함, 또는 말로 전해 옴. ¶**구전**하여 온 민요

쓰는 순서 : ㅣ 亻 亻 亻 亻 仨 伂 俥 俥 俥 傳 傳 傳

도움말 : 손에 문서를 든 빠른 역마를 탄 사람[亻=人 사람 인]이 오로지[專 오로지 [亻+專] 전] 관청에 소식을 전해 주는 모양에서 '전하다'의 뜻이 됨.

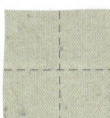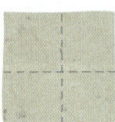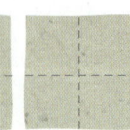

切

끊을 / 온통 절 / 체

- 부수 : 칼 도(刀)
- 총획 : 4획

- 一切일체 : 모든 것. 온갖 것. ¶재산 **일체**를 고아원에 기부하다
- 切上절상 : 화폐의 대외 가치를 높임. ↔ 절하(切下). ¶원화 **절상**
- 親切친절 : 정성스럽고 정다움. 또는 그러한 태도.
- 切望절망 : 간절히 희망함. 절실한 소망.
- 品切품절 : 물건이 다 팔리어 없음. 절품(切品).

쓰는 순서 : 一 ヒ 切 切

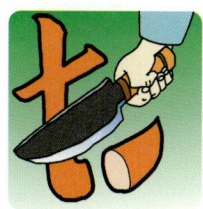

도움말 [七+刀] 물건을 자르기 위해 칼질[刀 칼 도]을 여러 번[七 일곱 칠] 하는 모양에서 '자르다', '끊다'의 뜻이 됨.

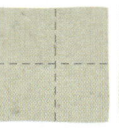 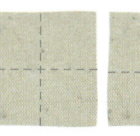   

節

마디 절

- 부수 : 대 죽(竹)
- 총획 : 15획

- 禮節예절 : 예의와 절도. 예의범절. ¶**예절** 바른 생활
- 節電절전 : 전기를 아껴 씀.
- 名節명절 : 전통적으로 해마다 일정하게 지키어 즐기는 날.
- 開天節개천절 : 단군의 고조선 건국을 기념하는 국경일.
- 節氣절기 : 한 해를 스물넷으로 나눈, 계절의 표준이 되는 것.

쓰는 순서 : ノ ト ナ ケ ケ ケ 竹 竺 笁 笁 笁 節 節 節

도움말 [竹+卽] 대나무[竹 대 죽]가 자라감[卽 나아갈 즉]에 따라 생겨나는 마디의 모양에서 '마디', '예절'의 뜻이 됨.

 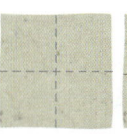  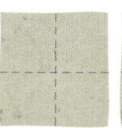 

店

가게 점

- 부수 : 엄호(广)
- 총획 : 8획

- 商店상점 : 가게. ¶**상점**을 열다
- 書店서점 : 책을 팔거나 사는 가게.
- 本店본점 : 지점이나 분점 등에 대하여 영업의 중심이 되는 점포.
- 店主점주 : 가게의 주인.

쓰는 순서 : 丶 亠 广 广 庀 庁 店 店

도움말 [广+占] 본래 점[占 점칠 점]을 치는 집[广 집 엄] 모양에서 발전하여 '가게', '주막'을 뜻하는 글자가 됨.

   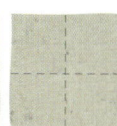 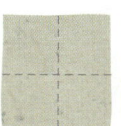 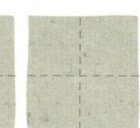

停

머무를 정

- 부수 : 사람 인(亻)
- 총획 : 11획

停止정지 : 중도에서 멈추거나 그침. ¶자격 **정지**
停年정년 : 일정한 나이에 이르면 퇴직하도록 정해진 바로 그때.
停電정전 : 오던 전기가 끊어짐. ¶**정전** 사고
調停조정 : 분쟁을 중간에서 화해하게 하거나 서로 타협점을 찾아 합의하도록 함. ¶의견 **조정**

쓰는 순서 : ノ 亻 亻 亻 广 广 停 停 停 停 停

도움말 [亻+亭] 길을 걷던 사람[亻=人 사람 인]이 정자[亭 정자 정]를 보고 멈추어 머무르는 데서 '머무르다', '정지하다'는 뜻이 됨.

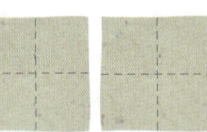

情

뜻 정

- 부수 : 마음 심(忄)
- 총획 : 11획

感情감정 : 느끼어 일어나는 심정. 마음. ¶미묘한 **감정**
溫情온정 : 따뜻한 인정. 정다운 마음. ¶**온정**을 베풀다
民情민정 : 국민의 살아가는 사정과 형편. ¶**민정**을 살피다
事情사정 : 일의 형편이나 그렇게 된 까닭. ¶**사정**이 딱하다
愛情애정 : 사랑하는 정. ¶**애정**을 쏟다

쓰는 순서 : ノ 丶 忄 忄 忄 㤀 㤀 情 情 情 情

도움말 [忄+靑] 마음[忄=心 마음 심]에서 우러나는 푸르도록[靑 푸를 청] 맑고 참된 정을 나타내는 글자로, '마음', '뜻'의 뜻.

調

고를 조

- 부수 : 말씀 언(言)
- 총획 : 15획

調和조화 : 대립이나 어긋남이 없이 서로 잘 어울림.
強調강조 : 어떤 부분을 특별히 힘주어 주장함. ¶**강조** 사항
時調시조 : 고려 말부터 발달하여 온 우리나라 고유의 정형시.
調理조리 : 몸을 보살피고 병을 다스림. ¶산후(産後) **조리**
調節조절 : 균형이 맞게 바로잡음. ¶인구 **조절**

쓰는 순서 : ` 一 ｔ 言 言 言 言 訂 訂 訶 調 調 調 調

도움말 [言+周] 사람이 말[言 말씀 언]을 하되 두루[周 두루 주] 조화롭게 하는 모양에서 '고르다', '부드럽다', '가락'의 뜻이 됨.

잡을 조

- 부수 : 손 수(扌)
- 총획 : 16획

體操체조 : 신체의 이상적 발달을 꾀하고 신체의 결함을 교정 또는 보충 시켜 주기 위해서 행하는 운동. ¶맨손 **체조**
操業조업 : 기계 따위를 움직여 일을 함. ¶**조업**을 재개하다
操作조작 : 기계나 장치 따위를 다루어 움직이게 함. ¶기계를 **조작**하다
操身조신 : 몸가짐을 조심함. ¶몸가짐이 **조신**하다

쓰는 순서 一 十 十 扌 扩 护 押 押 押 撂 撂 撂 撐 撐 操 操

도움말 [扌+喿] 나무에서 새들이 울어 떠들썩한[喿 울 소] 소리를 그치게 하고 마음을 잡는[扌=手 손 수] 데서 '지조', '잡다', '부리다'의 뜻이 됨.

마칠/군사 졸

- 부수 : 열 십(十)
- 총획 : 8획

卒業졸업 : 학교에서, 정해진 교과 과정을 모두 마침. ↔ 입학(入學). ¶**졸업** 사진
卒業式졸업식 : 학교에서, 소정의 과정을 마친 사람에게 졸업장을 주는 의식.
卒兵졸병 : 지위가 낮은 병사.

쓰는 순서 一 亠 广 亣 亣 夾 夾 卒 卒

도움말 같은 복장[𠆢←衣 옷 의]에 열[十 열 십] 명씩 줄지은 병졸들을 가리키는 글자로, 병졸들은 흔히 싸우다 죽는다고 해 '마치다', '군사'의 뜻이 됨.

마칠 종

- 부수 : 실 사(糸)
- 총획 : 11획

終末종말 : 계속되어 온 일이나 현상의 끝판. ¶지구의 **종말**
始終시종 : 처음과 끝을 아울러 이르는 말.
終身종신 : 한평생을 마침. 살아 있는 동안. 평생.
最終최종 : 맨 나중. 마지막. ¶**최종** 검사
終結종결 : 일을 끝냄. ¶전쟁의 **종결**

쓰는 순서 〈 〃 纟 纟 纟 糸 糸 紒 紒 終 終

도움말 [糸+冬] 실[糸 실 사]을 실패에 감은 뒤 그 끝을 얼어붙은[冬 겨울 동] 것처럼 단단히 매듭짓는 데서 '마치다', '끝나다', '죽다'는 뜻이 됨.

種

씨 종

- 부수 : 벼 화(禾)
- 총획 : 14획

種子종자 : 씨. ¶**종자**를 심다
植種식종 : 심음.
品種품종 : 물품의 종류. ¶**품종**이 다양하다
種別종별 : 종류에 따라 나눔, 또는 그 구별.
種族종족 : 조상이 같고 언어·풍속 따위도 같은 사회 집단.

쓰는 순서 : 一 二 千 禾 禾 秆 秆 秆 秆 秤 種 種 種 種

도움말 [禾+重] : 농사[禾 벼 화]를 짓는 데 가장 중요하게[重 무거울 중] 여겨야 할 씨앗을 뜻하는 글자로, '씨', '종류'의 뜻.

 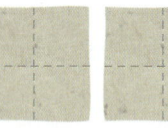 

罪

허물 죄

- 부수 : 그물 망(罒)
- 총획 : 13획

重罪중죄 : 무거운 죄. 큰 죄. ¶**중죄**를 저지르다
無罪무죄 : 아무 잘못이나 죄가 없음. ↔ 유죄(有罪). ¶**무죄**를 증명하다
有罪유죄 : 죄가 있음.
罪人죄인 : 죄를 지은 사람.

쓰는 순서 : 丨 冂 冋 罒 罒 罪 罪 罪 罪 罪 罪 罪 罪

도움말 [罒+非] : 그릇된[非 아닐 비] 일을 하여 법망[罒←网 그물 망]에 걸려든 데서 '죄', '허물', '죄주다'는 뜻이 됨.

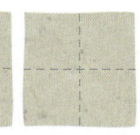 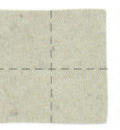 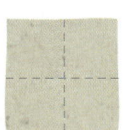 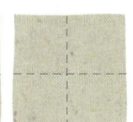

州

고을 주

- 부수 : 개미허리(巛)
- 총획 : 6획

光州광주 : 전라남도 중앙에서 북쪽으로 치우쳐 있는 광역시.
全州전주 : 전라북도 중부에 있는 시.
淸州청주 : 충청북도 중앙부에 있는 도청소재지.
公州공주 : 충청남도 동부 중앙에 있는 시.

쓰는 순서 : 丶 丿 丿 丬 州 州

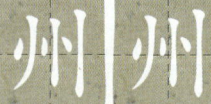

도움말 : 흐르는 내 가운데 솟은 땅을 본뜬 글자로, 후에 내를 경계로 행정구역을 정함. 그래서 '고을'의 뜻이 됨.

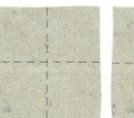 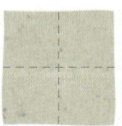   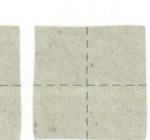

週

주일/돌 주

- 부수 : 책받침(辶)
- 총획 : 12획

每週매주 : 그 주일 그 주일. ¶**매주**의 행사
週間주간 : 한 주일 동안. 월요일부터 일요일까지. ¶**주간** 계획
前週전주 : 지난주.
來週내주 : 이 다음 주. ¶**내주** 월요일에 다시 만나자

쓰는 순서) 刀 月 用 用 周 周 周 调 调 週

도움말 천천히[辶=辵 쉬엄쉬엄갈 착] 돌며 주위에 두루 미치는[周 두루 주] 모양에서 '주일', '돌아다니다', '돌다'의 뜻이 됨.
[周+辶]

止

그칠 지

- 부수 : 그칠 지(止)
- 총획 : 4획

中止중지 : 일을 중도에서 그만둠. 중도에서 멈춤. ¶하던 일을 **중지**하다
終止종지 : 끝마쳐 그침.
休止휴지 : 하던 것을 멈추고 쉼.
擧止거지 : 몸을 움직여 하는 모든 짓. 행동거지(行動擧止).

쓰는 순서 ㅣ ㅏ ㅏ 止

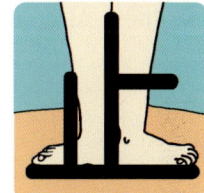

도움말 서 있는 사람의 발목 아래의 모양을 본뜬 글자로, '머무르다', '그치다'의 뜻이 됨.

知

알 지

- 부수 : 화살 시(矢)
- 총획 : 8획

無知무지 : 아는 바나 지식이 없음. ¶**무지**한 행동
知己지기 : 자기의 속마음을 참되게 알아주는 친구. ¶막역한 **지기**
知友지우 : 서로 마음이 통하는 벗. ¶**지우**를 만나다
知人지인 : 아는 사람. ¶**지인**의 도움을 받다
知能지능 : 지혜와 재능을 통틀어 이르는 말.

쓰는 순서 ノ 亠 느 于 矢 矢 知 知

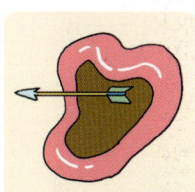

도움말 입[口 입 구]에서 나온 말이 화살[矢 화살 시]처럼 빠른 모양을 본떠 그렇게 빠르게 안다는 뜻으로, '알다', '분별하다'는 글자가 됨.
[矢+口]

質

바탕 질

부수 : 조개 패(貝)
총획 : 15획

性質성질 : 날 때부터 가지고 있는 기질. 성품. ¶타고난 **성질**
質問질문 : 모르는 것이나 알고 싶은 것 따위를 물음.
質責질책 : 잘못을 따져 꾸짖음. ¶**질책**을 당하다
物質물질 : 물건의 본바탕.
才質재질 : 재주와 기질. ¶가수의 **재질**이 있다

쓰는 순서: 質質質質質質質質質質質質質質質

도움말 [所+貝] : 재물[貝 돈 패]을 쌓을 때 받침으로 날붙이를 가지런히 한 모탕[所 모탕 은]을 본뜬 글자로, '바탕', '질박하다'는 뜻이 됨.

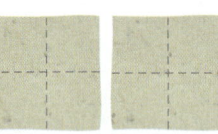 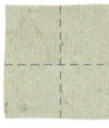  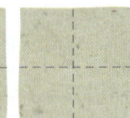

着

붙을 착

부수 : 양 양(羊)
총획 : 12획

着發착발 : 도착과 출발. ¶**착발** 시각
着手착수 : 어떤 일을 하기 위해 손을 댐. ¶공사에 **착수**하다
着地착지 : 비행기 따위가 땅 위에 내림, 또는 내리는 곳.
定着정착 : 일정한 곳에 자리 잡아 삶. ¶시골에 **정착**하다
愛着애착 : 몹시 사랑하거나 끌리어서 떨어지지 아니함.

쓰는 순서: 着着着着着着着着着着着着

도움말 [⺷+目] : 짐승 가운데 양[⺷←羊 양 양]은 서로 찾으며[目 눈 목] 무리를 이루어 산다는 데서 '붙다', '도착하다'는 뜻이 됨.

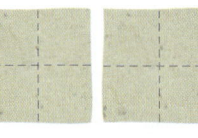 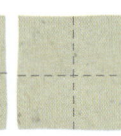  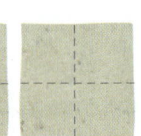

參

참여할 참
석 삼

부수 : 마늘모(厶)
총획 : 11획

參加참가 : 어떤 모임이나 단체에 관여하여 참석하거나 가입함. ¶월드컵 **참가**
參觀참관 : 어떤 모임이나 행사에 참가하여 지켜봄. ¶대회를 **참관**하다
參席참석 : 모임이나 회의 따위의 자리에 참여함. ¶**참석** 인원
不參불참 : 어떤 자리에 참가하지 않거나 참석하지 않음.

쓰는 순서: 參參參參參參參參參參參

도움말 [厽+㐱] : 머리[㐱(人+彡)] 위 밤하늘의 별 셋이 오리온별자리에서 빛나는[厽←晶 빛날 정] 데서, '참여하다', '셋'의 뜻이 됨.

  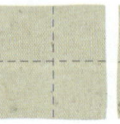 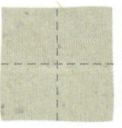   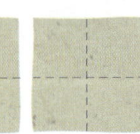

唱

부를 창

- 부수 : 입 구(口)
- 총획 : 11획

唱歌창가 : 개화기에 잠시 유행하였던 문학 장르의 한 가지.
唱法창법 : 노래나 소리를 하는 방법.
獨唱독창 : 혼자서 노래함.
愛唱애창 : 어떤 노래를 즐겨 부름. ¶**애창** 가곡
再唱재창 : 다시 노래를 부름.

쓰는 순서 : ㅣ ㅁ ㅁ ㅁ' ㅁ" 吅 吅 唱 唱 唱 唱

도움말 : 넉넉하고 아름다운 목소리[昌 창성할 창]로 노래 부르는[口 입 구] 모양에서 '부르다', '노래하다' 는 뜻이 됨.
[口+昌]

責

꾸짖을 책

- 부수 : 조개 패(貝)
- 총획 : 11획

責任책임 : 맡아서 해야 할 임무나 의무. ¶**책임** 완수
問責문책 : 일의 책임을 물어 꾸짖음. ¶**문책**을 당하다
責望책망 : 잘못을 들어 꾸짖음, 또는 그 일. ¶**책망**을 듣다
罪責感죄책감 : 죄를 지은 데 대한 책임을 느끼는 마음. ¶**죄책감**에 시달리다

쓰는 순서 : 一 二 十 土 耂 圭 青 青 青 責 責

도움말 : 꾼 돈[貝 돈 패] 갚으라고 가시로 찌르듯[主←束 가시 차] 매섭게 독촉하는 모양에서 '꾸짖다', '조르다' 는 뜻이 됨.
[主+貝]

鐵

쇠 철

- 부수 : 쇠 금(金)
- 총획 : 21획

鐵路철로 : 레일. 철길. 철도.
鐵板철판 : 쇠를 얄팍하게 늘여 만든 판.
鐵窓철창 : 쇠로 창살을 만든 창문.
鐵人철인 : 몸이나 힘이 무쇠처럼 강한 사람.
古鐵고철 : 아주 낡고 오래된 쇠, 또는 그 조각.

쓰는 순서 : ノ 人 トーヒ 乍 놐 숓 金 金 金' 釒 釒 鈝 鉃 鈝 鉎 鋅 鐽 鐵 鐵 鐵

도움말 : 빠르게[戠 빠를 철] 녹이 슬어 검어지는 쇠[金 쇠 금]의 모양에서 '쇠', '검은쇠', '단단하다' 는 뜻이 됨.
[金+戠]

初 처음 초

- 부수 : 칼 도(刀)
- 총획 : 7획

最初최초 : 맨 처음. ↔ 최후(最後). ¶**최초**에 있었던 일
始初시초 : 맨 처음. ¶비극의 **시초**
初等초등 : 차례가 있는 데서 맨 처음의 등급. ¶**초등** 학교
正初정초 : 정월 초순. 그해의 맨 처음.
初級초급 : 가장 낮은 등급이나 단계. ¶**초급** 과정

쓰는 순서 : ˊ ㇇ ㇈ ネ ネ 初 初

도움말 [ネ+刀] : 옷감을 잘라[刀 칼 도] 마름질하는 것은 옷[ネ=衣 옷 의]을 만들 때 맨 처음 하는 일이라는 데서 '처음', '비롯하다'는 뜻이 됨.

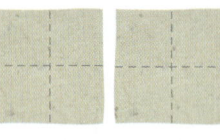   

最 가장 최

- 부수 : 가로 왈(曰)
- 총획 : 12획

最古최고 : 가장 오래됨. ↔ 최신(最新). ¶**최고**의 문헌
最小최소 : 가장 작음. ↔ 최대(最大). ¶**최소** 크기
最高최고 : 가장 높음. ¶**최고** 높이
最近최근 : 얼마 안 되는 지나간 날. 요즘. ¶**최근**에 일어난 일
最短최단 : 가장 짧음. ↔ 최장(最長). ¶**최단** 거리

쓰는 순서 : 丨 冂 冂 日 旦 旱 昃 昃 昃 最 最 最

도움말 [日+取] : 위험을 떨치고[日←冒 무릅쓸 모] 적의 귀를 잘라 오는[取 취할 취] 것은 큰 모험이라는 데서 '가장', '우뚝하다'는 뜻이 됨.

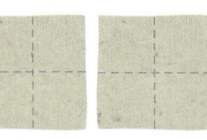 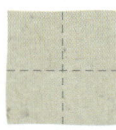 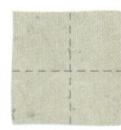 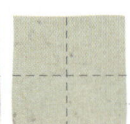

祝 빌 축

- 부수 : 보일 시(示)
- 총획 : 10획

祝歌축가 : 축하하는 뜻으로 부르는 노래. ¶**축가**를 부르다
祝電축전 : 축하의 뜻을 나타낸 전보. ¶**축전**을 띄우다
祝願축원 : 잘되기를 빎.
奉祝봉축 : 공경하는 마음으로 축하함.

쓰는 순서 : ˋ ㇇ 干 ㇅ 示 示 祀 祀 祀 祝

도움말 [示+儿] : 제[示 제사 시]를 지낼 때 사람[儿 사람 인]이 축문을 읽는[口 입 구] 모양에서 '빌다', '축하하다', '축문'의 뜻이 됨.

 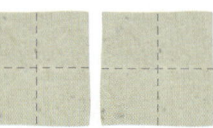 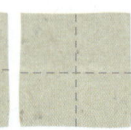  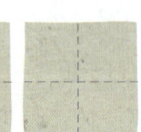

채울 충

- 부수: 어진사람인(儿)
- 총획: 6획

充分충분 : 모자람이 없이 차거나 넉넉함. ¶**충분**한 시간
充電충전 : 축전기나 축전지 따위에 전기를 축적함. ↔ 방전(放電). ¶핸드폰 배터리를 **충전**하다
充實충실 : 내용 따위가 잘 갖추어지고 알참. ¶**충실**한 내용
充足충족 : 넉넉하게 채움. ¶요구 조건을 **충족**시키다

쓰는 순서 : 丶亠去去充

도움말 [ㄊ+儿] 갓 태어난 아이[ㄊ(아기 모양)]가 스스로 걸을 수 있는 사람[儿 사람 인]이 될 만큼 잘 자란 모양에서 '채우다', '자라다'는 뜻이 됨.

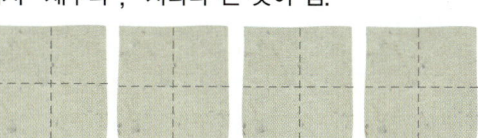

이를 치

- 부수: 이를 지(至)
- 총획: 10획

筆致필치 : 글이나 글씨 쓰는 솜씨. ¶간결한 **필치**
致命치명 : 죽을 지경에 이름. ¶**치명**적인 사건
景致경치 : 자연의 아름다운 모습. ¶아름다운 **경치**
才致재치 : 눈치 빠른 재주. 또는 능란한 솜씨나 말씨. ¶**재치** 있는 말
理致이치 : 사물의 정당한 조리(條理). 또는 도리에 맞는 취지.

쓰는 순서 : 一 エ エ エ 互 至 至 至 致 致

도움말 [至+攵] 사람이 천천히 가서[攵 뒤져올 치] 어떤 곳에 이르는[至 이를 지] 모양에서 '이르다', '이루다'는 뜻이 됨.

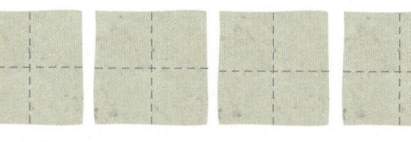

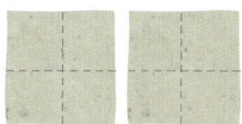

법칙 칙/곧 즉

- 부수: 칼 도(刂)
- 총획: 9획

規則규칙 : 여럿이 다 같이 따라 지키기로 약정한 질서나 표준.
法則법칙 : 반드시 지켜야만 하는 규범.
鐵則철칙 : 변경하거나 어길 수 없는 규칙. ¶**철칙**을 깨다
學則학칙 : 학교의 기구와 교육 과정 및 그 운영 등에 관한 규칙.
原則원칙 : 근본이 되는 법칙. ¶**원칙**대로 처리하다

쓰는 순서 : 丨 冂 冂 日 日 目 貝 貝 則 則

도움말 [貝+刂] 재물[貝 돈 패]을 칼[刂=刀 칼 도]로 공평하게 나누는 모양에서 '나누다', '본받다', '법칙'의 뜻이 됨.

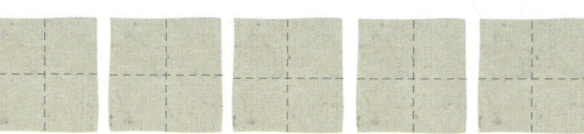

한자능력검정시험 5급

他

다를 타

- 부수 : 사람 인(亻)
- 총획 : 5획

自他자타 : 저와 남. ¶**자타**가 공인하는 세계 최고의 선수
他意타의 : 다른 생각. 다른 사람의 뜻. ¶**타의**에 따르다
他界타계 : 어른이나 귀인(貴人)의 죽음.
他國타국 : 자기 나라가 아닌 남의 나라. 외국.
利他이타 : 자기가 희생하면서 남에게 이익을 주는 일.

쓰는 순서 : ノ 亻 亻 他 他

도움말 [亻+也] 사람[亻=人 사람 인]이 뱀[也 어조사 야(뱀이 서린 형상)]처럼 쌀쌀한 모양에서 '남', '다르다'의 뜻이 됨.

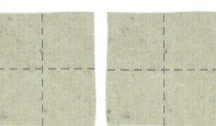

打

칠 타

- 부수 : 손 수(扌)
- 총획 : 5획

打球타구 : 야구에서, 배트로 공을 치는 일, 또는 그 공.
安打안타 : 야구에서, 타자가 안전하게 베이스에 나아갈 수 있도록 치는 일. 히트. ¶**안타**를 치다
打席타석 : 야구에서, 타자가 투수의 공을 치기 위해 서는 장소.
打者타자 : 야구에서, 상대편 투수의 공을 치는 공격진의 선수.

쓰는 순서 : 一 十 扌 扌 打

도움말 [扌+丁] 손[扌=手 손 수]에 장도리를 들고 못[丁 못 정]을 쳐서 박는 모양에서 '치다'의 뜻이 됨.

卓

높을 탁

- 부수 : 열 십(十)
- 총획 : 8획

卓球탁구 : 구기의 한 가지. 탁구대의 가운데에 네트를 두고 라켓으로 받아 치며 득점을 겨루는 경기. 핑퐁.
卓見탁견 : 뛰어난 의견이나 견식.
食卓식탁 : 음식을 차려 놓고 둘러앉아 먹게 만든 탁자. ¶음식을 **식탁**에 차리다

쓰는 순서 : 丨 卜 ㅏ 占 占 卣 卓 卓

도움말 [卜+早] 동틀 녘[早 아침 조]의 태양과 견주어[卜←比 견줄 비] 그보다 높다는 데서 '높다', '뛰어나다'는 뜻이 됨.

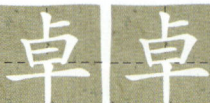

炭 숯 탄

- 부수 : 불 화(火)
- 총획 : 9획

石炭석탄 : 땅속에 묻힌 식물이 오랜 세월에 걸친 지압이나 지열의 영향으로 변질해서 생긴 가연성의 퇴적암.

氷炭빙탄 : 서로 정반대가 됨의 비유.

炭水化物탄수화물 : 탄소와 물분자로 이루어진 유기 화합물. 3대 영양소의 중의 하나인 포도당, 과당, 녹말 따위.

쓰는 순서

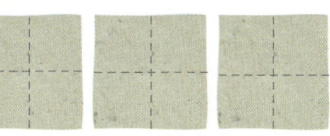

도움말 산[山 메 산] 언덕바지[厂 기슭 엄]의 동굴에서 불[火 불 화]을 지펴 나무[山+厂+火]를 태운 데서 '숯', '석탄'의 뜻이 됨.

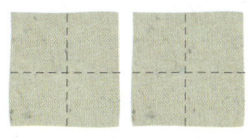

宅 집 택/댁

- 부수 : 갓머리(宀)
- 총획 : 6획

住宅주택 : 사람이 들어 살 수 있게 지은 집. ¶주택 단지

自宅자택 : 자기의 집. 자가(自家). ¶자택 근무

宅地택지 : 집을 지을 땅. 집터. ¶택지 개발

舍宅사택 : 거주하는 '집'의 존칭.

宅內댁내 : 남의 집안을 높여 이르는 말.

쓰는 순서

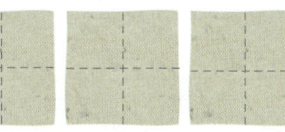

도움말 사람이 몸을 맡기고[乇 부탁할 탁] 사는 집[宀 집 면]의 모양에서 '집', [宀+乇] '자리', '살다'는 뜻이 됨.

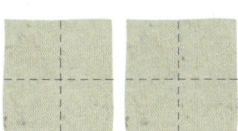

板 널 판

- 부수 : 나무 목(木)
- 총획 : 8획

板紙판지 : 널빤지처럼 단단하고 두껍게 만든 종이.

氷板빙판 : 얼음이 깔린 길바닥. ¶빙판에 미끄러지다

黑板흑판 : 검은 칠을 하여 그 위에 분필로 글씨나 그림을 쓰게 만든 널빤지. 칠판.

畫板화판 : 그림을 그릴 때 종이나 천을 받치는 판.

쓰는 순서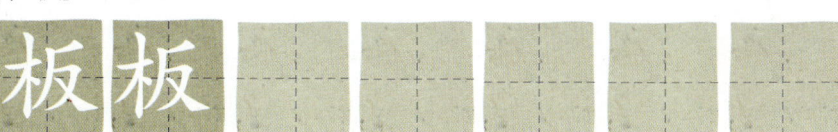

도움말 재목이 되는 나무[木 나무 목]를 뒤집어가며[反 뒤집을 반] 넓적하게 켜낸[木+反] 모양에서 '널조각'의 뜻이 됨.

敗

패할 패

- 부수 : 둥글월문(攵)
- 총획 : 11획

勝敗승패 : 이김과 짐. 승부(勝負). ¶**승패**를 가리다
敗北패배 : 겨루어서 짐. ↔ 승리(勝利). ¶**패배**를 당하다
失敗실패 : 일을 잘못하여 뜻한 대로 되지 아니하거나 그릇됨.
成敗성패 : 일의 성공과 실패. ¶**성패**에 관계되는 문제
敗戰패전 : 싸움에 짐. ↔ 승전(勝戰). ¶**패전**으로 나라가 망하다

쓰는 순서 : 丨 冂 冃 月 目 貝 貝 貯 貯 敗

도움말 물건[貝 조개 패]을 막대기로 쳐[攵=攴 칠 복] 부서지는 모양에서 '패하다', '무너지다'는 뜻이 됨.
[貝+攵]

品

물건 품

- 부수 : 입 구(口)
- 총획 : 9획

品性품성 : 사람된 바탕과 성질. 성격. ¶고결한 **품성**
品質품질 : 물품의 성질과 바탕. ¶**품질** 개선
物品물품 : 쓸모 있는 물건이나 제품. ¶**물품** 구입
食品식품 : 음식의 재료가 되는 물품. ¶발효 **식품**
作品작품 : 예술 창작 활동으로 얻어지는 제작물. ¶미술 **작품**

쓰는 순서 : 丨 口 口 口 口 品 品 品 品

도움말 여러 사람이 모여 의견[口 입 구]을 주고받으니 좋은 물건이 나온다는 데서 '물건'의 뜻이 됨.
[口+口+口]

必

반드시 필

- 부수 : 마음 심(心)
- 총획 : 5획

必要필요 : 꼭 소용이 있음. ¶**필요**한 물건
必讀필독 : 반드시 읽음, 또는 읽어야 함. ¶**필독** 도서
必勝필승 : 반드시 이김. ¶**필승**의 신념
必然필연 : 반드시 그렇게 됨. ¶**필연**의 결과
期必기필 : 틀림없이 이루어지기를 기약함.

쓰는 순서 : 丶 丿 义 必 必

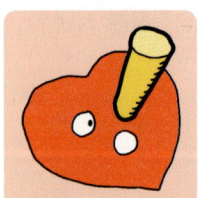

도움말 땅을 나눌[八 여덟 팔(둘로 나누어져 있는 형상)] 때 구분을 위해 말뚝[弋 푯말 익]을 세우는 데서 '반드시', '꼭', '오로지'의 뜻이 됨.
[八+弋]

筆

붓 필

부수 : 대 죽(竹)
총획 : 12획

筆記필기 : 글씨를 씀. ¶ **필기** 도구 지참
筆法필법 : 글씨나 문장을 쓰는 법. ¶ 한석봉의 **필법**
筆者필자 : 글이나 글씨를 쓴 사람. ¶ **필자** 소개
筆談필담 : 글로 써서 의사를 통함.
自筆자필 : 자기 손으로 직접 씀. ¶ **자필** 서명

쓰는 순서: 筆筆筆筆筆筆筆筆筆筆筆筆

도움말 [竹+聿] 손에 대나무[竹 대 죽] 자루의 붓[聿 붓 율]을 쥔 모양으로, '붓', '쓰다', '글씨'의 뜻이 됨.

河

물 하

부수 : 삼수변(氵)
총획 : 8획

河川하천 : 시내. 강.
山河산하 : 자연, 또는 자연의 경치. ¶ 조국의 **산하**
運河운하 : 선박의 통행이나 농지의 관개·배수 또는 용수를 위하여 육지를 파서 만든 수로. ¶ 파나마 **운하**
黃河황하 : 중국 북부를 서에서 동으로 흐르는 중국 제2의 강.

쓰는 순서: 河河河河河河河河

도움말 [氵+可] 물[氵=水 물 수]이 막혔던 숨이 터지듯[可 옳을 가(숨이 터지는 형상)] 세차게 흐르는 모양에서 '물', '내'의 뜻이 됨.

寒

찰 한

부수 : 갓머리(宀)
총획 : 12획

寒害한해 : 추위로 말미암아 입은 농작물의 피해. ¶ 갑작스러운 기온 저하로 **한해**가 심하다
寒氣한기 : 추운 기운. 추위. ¶ **한기**를 느끼다
寒流한류 : 온도가 비교적 낮은 해류.

쓰는 순서: 寒寒寒寒寒寒寒寒寒寒寒寒

도움말 [宀+茻+人+冫] 사람[人 사람 인]이 집[宀 집 면]에 풀[茻←艸 풀숲 망]을 깔고 덮어 추위[冫 얼음 빙]를 막는 모양에서 '차다', '얼다'의 뜻이 됨.

害

해할 해

- 부수 : 갓머리(宀)
- 총획 : 10획

利害이해 : 이익과 손해. ¶**이해**를 분명하게 따지다
水害수해 : 홍수로 말미암은 재해. ¶**수해** 지구
有害유해 : 해가 있음. 해로움. ↔ 무해(無害). ¶**유해** 식품
加害가해 : 다른 사람의 생명이나 신체, 재산 따위에 해를 끼침.
公害공해 : 산업이나 교통의 발달로 생기는 여러 가지 피해.

쓰는 순서 ′ ″ 宀 宀 宀 宀 宀 害 害 害

도움말 집[宀 집 면]에 들어앉아 사람을 헐뜯는[圭←毛 풀자랄 모] 말[口 입 구]을 [宀+圭+口] 하는 모양에서 '해치다', '죽이다' 는 뜻이 됨.

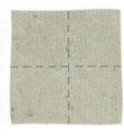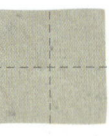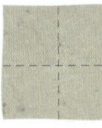

許

허락할 허

- 부수 : 말씀 언(言)
- 총획 : 11획

許多허다 : 매우 많음. ¶그런 일은 **허다**하게 볼 수 있다
特許특허 : 특별히 허가함.

쓰는 순서 ′ ″ ‴ 亠 言 言 言 訁 訂 許 許

도움말 남의 말[言 말씀 언]을 듣고 하루 중 가장 밝은 낮[午 낮 오]에 받아들이는 [言+午] 데서 '허락하다', '기약하다' 는 뜻이 됨.

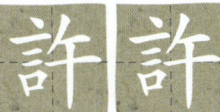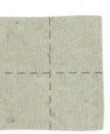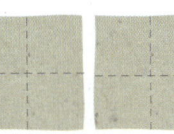

湖

호수 호

- 부수 : 삼수변(氵)
- 총획 : 12획

湖水호수 : 육지의 내부에 위치하여, 못이나 늪보다도 넓고 깊게 물이 괴어 있는 곳.
湖南平野호남평야 : 전북의 서반부를 차지하는 평야.
江湖강호 : 강과 호수를 아울러 이르는 말.

쓰는 순서 ′ ″ 氵 氵 汁 汁 沽 沽 湖 湖 湖 湖

도움말 물[氵=水 물 수]이 흘러들어 멀리[胡 멀 호]까지 차 있는 모양에서 '호수', [氵+胡] '큰못'의 뜻이 됨.

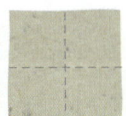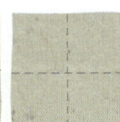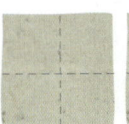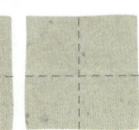

化 될 화

- 부수: 비수 비(匕)
- 총획: 4획

文化문화 : 학문이 진보하여 세상이 개화(開化)함.
變化변화 : 사물의 모양·성질·상태 등이 달라짐.
強化강화 : 세력이나 힘을 더 강하고 튼튼하게 함. ¶ **강화** 훈련
消化소화 : 먹은 음식을 삭임. ¶ **소화**에 좋은 음식
同化동화 : 본디 질이 다른 것이 감화되어 같게 됨.

쓰는 순서: ノ 亻 仁 化

도움말 사람[亻=人 사람 인]이 뒤집어지듯[匕(거꾸로 선 사람의 모양)] 변화된다 하여 '되다', '변화하다', '교화하다'는 뜻.

患 근심 환

- 부수: 마음 심(心)
- 총획: 11획

患者환자 : 병을 앓는 사람. 병자(病者).
病患병환 : '병(病)'의 높임말. ¶ 할아버지께서는 **병환** 중이시다
老患노환 : '노병(老病)'의 높임말. ¶ **노환**으로 고생하시다
患部환부 : 병이나 상처가 난 곳. ¶ 약을 **환부**에 바르다
內患내환 : 나라 안의 걱정.

쓰는 순서: 丶 口 口 中 日 串 串 患 患 患

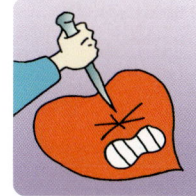

도움말 [串+心] 마음[心 마음 심]이 꼬챙이[串 꼬챙이 관]에 꿰뚫린 듯 고통스러운 모양에서 '근심하다', '병'의 뜻이 됨.

效 본받을 효

- 부수: 둥글월문(攵)
- 총획: 10획

效果효과 : 보람 있는 결과. ¶ 노력한 **효과**가 나타나다
效用효용 : 어떤 물건의 쓸모. 용도. ¶ **효용** 가치가 있다
特效특효 : 특별한 효험. ¶ 이 약은 당뇨병에 **특효**가 있다
效能효능 : 효험을 나타내는 성능. ¶ **효능**이 높다
無效무효 : 효과·효력이 없음. ↔ 유효(有效). ¶ 당선 **무효**

쓰는 순서: 亠 亠 六 亣 交 交 郊 效 效

도움말 [交+攵] 착한 사람과 사귀도록[交 사귈 교] 타이르고 가르쳐[攵=攴 칠 복] 좋은 점을 배우도록 한다는 데서 '본받다', '보람'의 뜻이 됨.

凶

흉할 **흉**

부수 : 위터진입구(凵)
총획 : 4획

凶年흉년 : 농작물이 잘되지 않은 해. ↔ 풍년(豊年). ¶**흉년**이 들다
凶計흉계 : 흉악한 꾀. ¶**흉계**를 꾸미다
凶家흉가 : 들어 사는 사람마다 궂은 일을 당하는 불길한 집.
凶作흉작 : 농작물이 잘되지 않음. ↔ 풍작(豊作).
凶惡흉악 : 성질이 악하고 모짊.

쓰는 순서 ノ ㄨ 凶 凶

도움말 : 땅이 푹 꺼져 입을 벌리고[凵 입벌릴 감] 금이 간[ㄨ 교차할 오] 모양에서 [凵+ㄨ] '흉하다', '흉악하다'는 뜻이 됨.

黑

검을 **흑**

부수 : 검을 흑(黑)
총획 : 12획

黑白흑백 : 검은빛과 흰빛. 잘잘못. 옳고 그름. ¶**흑백**을 가리다
黑炭흑탄 : 석탄의 한 가지. 탄소의 함유량이 무연탄과 갈탄의 중간이며, 빛깔은 까맣고 광택이 있음.
黑色흑색 : 검은빛.
黑字흑자 : 수입이 지출보다 많아서 생기는 이익. ¶**흑자** 경영

쓰는 순서 丨 口 冂 冃 曱 里 里 里 黑 黑 黑

도움말 : 불[灬=火 불 화]을 땔 때 연기가 굴뚝[里(굴뚝 모양)]을 지나 빠져나간 자국이 그을린 모양에서 '검다', '캄캄하다'의 뜻이 됨.

물 위 금 일 불 학 이 유 내 일
勿謂今日不學而有來日하며,

물 위 금 년 불 학 이 유 내 년
勿謂今年不學而有來年하라.

오늘 배우지 않고서 내일이 있다고 말하지 말고,
금년에 배우지 않고서 내년이 있다고 말하지 말라.

8급 배정한자(50字)

한자	예시	훈음	부수/획수
教	教室교실 / 教生교생 / 教學교학	가르칠 교	攵 11획
校	校長교장 / 校門교문 / 母校모교	학교 교	木 10획
九	九月구월 / 九日구일 / 九十구십	아홉 구	乙 2획
國	國軍국군 / 國民국민 / 國土국토	나라 국	囗 11획
軍	女軍여군 / 軍人군인 / 靑軍청군	군사 군	車 9획
金	萬金만금 / 白金백금 / 一金일금	쇠 금/성 김	金 8획
南	南山남산 / 南東남동 / 南北남북	남녘 남	十 9획
女	女王여왕 / 女人여인 / 母女모녀	계집 녀	女 3획
年	萬年만년 / 一年일년 / 學年학년	해 년	干 6획
大	大小대소 / 大韓대한 / 大王대왕	큰 대	大 3획
東	東西동서 / 東門동문 / 東南동남	동녘 동	木 8획
六	五六月오뉴월 / 오륙월(×)	여섯 륙	八 4획
萬	萬山만산 / 萬里만리 / 萬年만년	일만 만	艹 13획
母	父母부모 / 母國모국 / 生母생모	어미 모	母 5획
木	土木토목	나무 목	木 4획
門	大門대문 / 門中문중 / 北門북문	문 문	門 8획
民	民生민생 / 人民인민 / 萬民만민	백성 민	氏 5획
白	白人백인 / 白金백금	흰 백	白 5획
父	生父생부 / 父女부녀 / 學父母학부모	아버지 부	父 4획
北	北西북서 / 北韓북한 / 東北동북	북녘 북/달아날 배	匕 5획
四	四寸사촌 / 四月사월 / 四十사십	넉 사	囗 5획
山	火山화산 / 西山서산 / 山水산수	메 산	山 3획
三	三寸삼촌 / 三韓삼한 / 三國삼국	석 삼	一 3획
生	生水생수 / 學生학생 / 生日생일	날 생	生 5획
西	西北서북 / 西門서문 / 西南서남	서녘 서	襾 6획
先	先生선생 / 先人선인 / 先金선금	먼저 선	儿 6획
小	小人소인 / 小國소국 / 小生소생	작을 소	小 3획
水	水火수화 / 水中수중 / 水門수문	물 수	水 4획
室	室長실장 / 王室왕실 / 小室소실	집/방 실	宀 9획
十	十日십일 / 十月시월 / 십월(×)	열 십	十 2획
五	五月오월 / 五寸오촌 / 五十오십	다섯 오	二 4획
王	王國왕국 / 王女왕녀 / 國王국왕	임금 왕	玉 4획
外	外人외인 / 室外실외 / 外國외국	바깥 외	夕 5획
月	八月팔월 / 一月일월 / 三月삼월	달 월	月 4획
二	二月이월 / 二十이십 / 二人이인	두 이	二 2획
人	人生인생 / 萬人만인 / 人中인중	사람 인	人 2획

7급 고유한자(100字)

*7급 배정한자는 100자에 하위 급수인 8급 배정한자 50자를 포함한 150자를 말합니다.

漢字	예시	訓音	부수/획수
登	登山등산 / 登校등교 / 登場등장	오를 등	부수 癶 12획
來	來年내년 / 來日내일 / 來世내세	올 래	부수 人 8획
力	活力활력 / 全力전력 / 國力국력	힘 력	부수 力 2획
老	老少노소 / 老人노인 / 老母노모	늙을 로	부수 老 6획
里	里長이장 / 十里십리 / 海里해리	마을 리	부수 里 7획
林	農林농림 / 山林산림 / 國有林국유림	수풀 림	부수 木 8획
立	自立자립 / 立春입춘 / 立夏입하	설 립	부수 立 5획
每	每日매일 / 每年매년 / 每月매월	매양 매	부수 母 7획
面	邑面읍면 / 場面장면 / 紙面지면	낯 면	부수 面 9획
名	有名유명 / 名門명문 / 地名지명	이름 명	부수 口 6획
命	生命생명 / 天命천명 / 王命왕명	목숨 명	부수 口 8획
問	自問자문 / 學問학문 / 問安문안	물을 문	부수 口 11획
文	文物문물 / 文學문학 / 文字문자	글월 문	부수 文 4획
物	人物인물 / 事物사물 / 萬物만물	물건 물	부수 牛 8획
方	四方사방 / 地方지방 / 東方동방	모 방	부수 方 4획
百	百年백년 / 百萬백만 / 百方백방	일백 백	부수 白 6획
夫	兄夫형부 / 夫人부인 / 農夫농부	지아비 부	부수 大 4획
不	不便불편 / 不正부정 / 不孝불효	아닐 불/부	부수 一 4획
事	事後사후 / 萬事만사 / 食事식사	일 사	부수 亅 8획
算	算數산수 / 算出산출 / 電算전산	셈 산	부수 竹 14획
上	祖上조상 / 上下상하 / 世上세상	위 상	부수 一 3획
色	靑色청색 / 月色월색 / 氣色기색	빛 색	부수 色 6획
夕	七夕칠석 / 秋夕추석 / 日夕일석	저녁 석	부수 夕 3획
姓	百姓백성 / 姓名성명 / 同姓동성	성 성	부수 女 8획
世	中世중세 / 出世출세 / 後世후세	인간 세	부수 一 5획
少	少年소년 / 少女소녀 / 少數소수	적을 소	부수 小 4획
所	場所장소 / 住所주소 / 所有소유	바 소	부수 戶 8획
數	數學수학 / 數日수일 / 同數동수	셈 수/자주 삭	부수 攵 15획
手	手足수족 / 手中수중 / 木手목수	손 수	부수 手 4획
時	時間시간 / 時事시사 / 時空시공	때 시	부수 日 10획
市	市場시장 / 市長시장 / 市民시민	저자 시	부수 巾 5획
食	主食주식 / 食水식수 / 外食외식	밥/먹을 식	부수 食 9획
植	植物식물 / 植木식목 / 植民식민	심을 식	부수 木 12획
心	安心안심 / 民心민심 / 中心중심	마음 심	부수 心 4획
安	安全안전 / 平安평안 / 安住안주	편안 안	부수 宀 6획
語	國語국어 / 語文어문 / 語學어학	말씀 어	부수 言 14획
然	自然자연 / 天然천연	그럴 연	부수 灬 12획
午	正午정오 / 午前오전 / 午後오후	낮 오	부수 十 4획
右	右軍우군 / 右手우수 / 右便우편	오른 우	부수 口 5획
有	有力유력 / 國有국유 / 有色유색	있을 유	부수 月 6획

한자	예시	훈음	부수/획수
育	敎育교육 / 生育생육 / 事育사육	기를 육	부首 月 8획
邑	邑民읍민 / 邑村읍촌 / 邑長읍장	고을 읍	부首 邑 7획
入	出入출입 / 入住입주 / 入學입학	들 입	부首 入 2획
子	子正자정 / 父子부자 / 子女자녀	아들 자	부首 子 3획
字	漢字한자 / 國字국자 / 字母자모	글자 자	부首 子 6획
自	自動자동 / 自足자족 / 自主자주	스스로 자	부首 自 6획
場	場內장내 / 場外장외 / 入場입장	마당 장	부首 土 12획
全	全國전국 / 全軍전군 / 全南전남	온전 전	부首 入 6획
前	前後전후 / 直前직전 / 生前생전	앞 전	부首 刂 9획
電	電子전자 / 電動전동 / 電力전력	번개/전기 전	부首 雨 13획
正	正直정직 / 正門정문 / 正月정월	바를 정	부首 止 5획
祖	祖母조모 / 祖父조부 / 祖國조국	할아버지 조	부首 示 10획
足	不足부족 / 四足사족 / 長足장족	발 족	부首 足 7획
左	左右좌우 / 左手좌수	왼 좌	부首 工 5획
主	主人주인 / 主動주동 / 主食주식	임금/주인 주	부首 丶 5획
住	住民주민 / 入住입주 / 衣食住의식주	살 주	부首 亻 7획
重	重大중대 / 重力중력 / 二重이중	무거울 중	부首 里 9획
地	天地천지 / 土地토지 / 平地평지	땅 지	부首 土 6획
紙	便紙편지 / 白紙백지 / 休紙휴지	종이 지	부首 糸 10획
直	直入직입 / 日直일직 / 直面직면	곧을 직	부首 目 8획
千	千年천년 / 千萬천만 / 三千삼천	일천 천	부首 十 3획
川	山川산천 / 春川춘천 / 大川대천	내 천	부首 巛 3획
天	靑天청천 / 先天선천 / 後天후천	하늘 천	부首 大 4획
草	花草화초 / 草木초목 / 水草수초	풀 초	부首 艹 10획
村	村里촌리 / 村家촌가 / 村民촌민	마을 촌	부首 木 7획
秋	春秋춘추 / 立秋입추 / 千秋천추	가을 추	부首 禾 9획
春	春夏춘하 / 靑春청춘 / 立春입춘	봄 춘	부首 日 9획
出	出家출가 / 出土출토 / 外出외출	날 출	부首 凵 5획
便	便安편안 / 人便인편 / 便所변소	편할 편/똥 변	부首 亻 9획
平	平生평생 / 平年평년 / 平民평민	평평할 평	부首 干 5획
下	下校하교 / 下山하산 / 地下지하	아래 하	부首 一 3획
夏	夏冬하동 / 立夏입하	여름 하	부首 夂 10획
漢	漢文한문 / 漢學한학 / 門外漢문외한	한수/한나라/놈 한	부首 氵 14획
海	海外해외 / 海軍해군 / 西海서해	바다 해	부首 氵 10획
花	生花생화 / 花木화목 / 百花백화	꽃 화	부首 艹 8획
話	民話민화 / 手話수화 / 電話전화	말씀 화	부首 言 13획
活	活動활동 / 生活생활 / 活字활자	살 활	부首 氵 9획
孝	孝子효자 / 孝女효녀 / 孝心효심	효도 효	부首 子 7획
後	先後선후 / 後方후방 / 後食후식	뒤 후	부首 彳 9획
休	休校휴교 / 休學휴학 / 休日휴일	쉴 휴	부首 亻 6획

6급 고유한자(150字)

*6급 배정한자**는 150자에 하위 급수인 7급 배정한자 150자를 포함한 300자를 말합니다.

한자	용례	훈음	부수/획수
各	各界각계 / 各自각자 / 各別각별	각각 각	部口 6획
角	角度각도 / 直角직각 / 四角사각	뿔 각	部角 7획
感	感動감동 / 感氣감기 / 交感교감	느낄 감	部心 13획
强	强弱강약 / 强力강력 / 强直강직	강할 강	部弓 11획
開	開放개방 / 開會개회 / 開發개발	열 개	部門 12획
京	上京상경 / 開京개경 / 東京동경	서울 경	部亠 8획
界	世界세계 / 外界외계 / 學界학계	지경 계	部田 9획
計	計算계산 / 時計시계 / 會計회계	셀 계	部言 9획
古	古今고금 / 古代고대 / 古文고문	예 고	部口 5획
苦	苦樂고락 / 苦生고생 / 苦心고심	쓸 고	部艹 9획
高	高級고급 / 高度고도 / 高等고등	높을 고	部高 10획
功	成功성공 / 戰功전공 / 功名心공명심	공 공	部力 5획
公	公式공식 / 公用공용 / 公開공개	공평할 공	部八 4획
共	共用공용 / 共有공유 / 共同공동	한가지 공	部八 6획
果	果樹과수 / 果然과연 / 成果성과	실과 과	部木 8획
科	科學과학 / 內科내과 / 敎科교과	과목 과	部禾 9획
光	光明광명 / 光線광선 / 夜光야광	빛 광	部儿 6획
交	交通교통 / 遠交원교 / 交代교대	사귈 교	部亠 6획
區	區別구별 / 區分구분 / 區間구간	구분할 구	部匚 11획
球	野球야구 / 地球지구 / 氣球기구	공 구	部玉 11획
郡	市郡시군 / 郡民군민 / 群小군소	고을 군	部阝 10획
近	遠近원근 / 親近친근 / 近代근대	가까울 근	部辶 8획
根	根本근본 / 草根초근 / 球根구근	뿌리 근	部木 10획
今	今年금년 / 今世금세 / 今後금후	이제 금	部人 4획
級	學級학급 / 級數급수 / 級訓급훈	등급 급	部糸 10획
急	急速급속 / 急行급행 / 特急특급	급할 급	部心 9획
多	多少다소 / 多數다수 / 多幸다행	많을 다	部夕 6획
短	長短장단 / 短命단명 / 短文단문	짧을 단	部矢 12획
堂	明堂명당 / 書堂서당 / 食堂식당	집 당	部土 11획
代	現代현대 / 代身대신 / 代表대표	대신 대	部亻 5획
待	下待하대 / 待合室대합실	기다릴 대	部彳 9획
對	對話대화 / 反對반대 / 對答대답	대할 대	部寸 14획
度	速度속도 / 溫度온도 / 年度연도	법도 도/헤아릴 탁	部广 9획
圖	地圖지도 / 圖書도서 / 圖畫도화	그림/꾀할 도	部口 14획
讀	讀書독서 / 讀者독자 / 多讀다독	읽을 독/구절 두	部言 22획
童	童話동화 / 童心동심 / 學童학동	아이 동	部立 12획

漢字	예시	훈음	부수/획수
頭	頭角두각 / 頭目두목 / 白頭山백두산	머리 두	부수 頁 16획
等	平等평등 / 等級등급 / 等數등수	무리 등	부수 竹 12획
樂	樂園낙원 / 歌樂가악 / 樂山요산	즐길 락/노래 악/좋아할 요	부수 木 15획
例	事例사례 / 例外예외 / 例題예제	법식 례	부수 亻 8획
禮	禮式예식 / 禮樂예악 / 答禮답례	예도 례	부수 示 18획
路	道路도로 / 通路통로 / 路線노선	길 로	부수 足 13획
綠	草綠초록 / 新綠신록 / 綠地녹지	푸를 록	부수 糸 14획
理	理由이유 / 道理도리 / 地理지리	다스릴 리	부수 玉 11획
利	勝利승리 / 利用이용 / 便利편리	이로울 리	부수 刂 7획
李	李朝이조 / 行李행리	오얏/성 리	부수 木 7획
明	明月명월 / 失明실명 / 發明발명	밝을 명	부수 日 8획
目	題目제목 / 科目과목 / 注目주목	눈 목	부수 目 5획
聞	新聞신문 / 所聞소문 / 風聞풍문	들을 문	부수 耳 14획
米	白米백미 / 六米육미	쌀 미	부수 米 6획
美	美術미술 / 美國미국 / 美男미남	아름다울 미	부수 羊 9획
朴	朴直박직	성/소박할 박	부수 木 6획
反	反旗반기 / 反戰반전 / 反感반감	돌이킬 반	부수 又 4획
半	前半전반 / 半音반음 / 半身반신	반 반	부수 十 5획
班	班長반장 / 九班구반 / 分班분반	나눌 반	부수 玉 10획
發	出發출발 / 發表발표 / 發病발병	필 발	부수 癶 12획
放	放心방심 / 放火방화 / 放出방출	놓을 방	부수 攵 8획
番	番號번호 / 番地번지 / 萬番만번	차례 번	부수 田 12획
別	特別특별 / 分別분별 / 別名별명	다를/나눌 별	부수 刂 7획
病	病弱병약 / 萬病만병 / 病名병명	병 병	부수 疒 10획
服	衣服의복 / 夏服하복 / 洋服양복	옷 복	부수 月 8획
本	本部본부 / 本社본사 / 本業본업	근본 본	부수 木 5획
部	部分부분 / 部族부족 / 內部내부	떼 부	부수 阝 11획
分	分母분모 / 分數분수 / 分身분신	나눌 분	부수 刀 4획
社	社會사회 / 社訓사훈 / 社長사장	모일 사	부수 示 8획
使	使用사용 / 使命사명 / 天使천사	하여금/부릴 사	부수 亻 8획
死	死後사후 / 生死생사 / 死活사활	죽을 사	부수 歹 6획
書	文書문서 / 書記서기 / 書式서식	글/책 서	부수 日 10획
石	石油석유 / 木石목석 / 自然石자연석	돌 석	부수 石 5획
席	出席출석 / 空席공석 / 立席입석	자리 석	부수 巾 10획
線	直線직선 / 戰線전선 / 有線유선	줄 선	부수 糸 15획
雪	白雪백설 / 春雪춘설 / 大雪대설	눈 설	부수 雨 11획
成	成人성인 / 成長성장 / 大成대성	이룰 성	부수 戈 7획
省	反省반성 / 自省자성 / 內省내성	살필 성/덜 생	부수 目 9획
消	消火소화 / 消日소일 / 消失소실	사라질 소	부수 氵 10획
速	速力속력 / 速記속기 / 高速고속	빠를 속	부수 辶 11획

孫	孫子손자 / 子孫자손 / 後孫후손	손자 손	부 子 10획
樹	樹木수목 / 植樹식수 / 樹林수림	나무 수	부 木 16획
術	學術학술 / 話術화술 / 手術수술	재주/꾀 술	부 行 11획
習	自習자습 / 學習학습 / 敎習교습	익힐 습	부 羽 11획
勝	勝者승자 / 全勝전승 / 勝戰승전	이길 승	부 力 12획
始	始作시작 / 始祖시조 / 始動시동	비로소 시	부 女 8획
式	形式형식 / 定式정식 / 方式방식	법 식	부 弋 6획
神	失神실신 / 神通신통 / 神話신화	귀신 신	부 示 10획
身	身體신체 / 自身자신 / 心身심신	몸 신	부 身 7획
信	信用신용 / 通信통신 / 自信자신	믿을 신	부 亻 9획
新	新人신인 / 新年신년 / 新式신식	새 신	부 斤 13획
失	失手실수 / 失言실언 / 失業실업	잃을 실	부 大 5획
愛	愛國애국 / 愛讀애독 / 愛人애인	사랑 애	부 心 13획
夜	夜間야간 / 夜食야식 / 夜行야행	밤 야	부 夕 8획
野	平野평야 / 野生야생 / 野外야외	들 야	부 里 11획
弱	老弱노약 / 弱者약자 / 弱小약소	약할 약	부 弓 10획
藥	洋藥양약 / 藥草약초 / 農藥농약	약 약	부 艹 19획
洋	海洋해양 / 西洋서양 / 大洋대양	큰바다 양	부 氵 9획
陽	陽地양지 / 陽氣양기 / 夕陽석양	볕 양	부 阝 12획
言	言語언어 / 言行언행 / 金言금언	말씀 언	부 言 7획
業	事業사업 / 農業농업 / 學業학업	업 업	부 木 13획
英	英特영특 / 英國영국 / 英語영어	꽃부리 영	부 艹 9획
永	永遠영원 / 永住영주 / 永生영생	길 영	부 水 5획
溫	溫水온수 / 溫室온실 / 溫冷온랭	따뜻할 온	부 氵 13획
用	用語용어 / 登用등용 / 有用유용	쓸 용	부 用 5획
勇	勇氣용기	날랠 용	부 力 9획
運	運動운동 / 運命운명 / 氣運기운	옮길 운	부 辶 13획
遠	遠大원대 / 遠洋원양 / 遠路원로	멀 원	부 辶 14획
園	庭園정원 / 花園화원 / 公園공원	동산 원	부 囗 13획
由	自由자유 / 由來유래 / 事由사유	말미암을 유	부 田 5획
油	注油주유 / 重油중유 / 油畵유화	기름 유	부 氵 8획
銀	銀行은행 / 金銀금은 / 水銀수은	은 은	부 金 14획
音	音樂음악 / 表音표음 / 音色음색	소리 음	부 音 9획
飮	飮食음식 / 食飮식음 / 米飮미음	마실 음	부 食 13획
衣	衣食의식 / 白衣백의 / 上衣상의	옷 의	부 衣 6획
意	同意동의 / 意向의향 / 合意합의	뜻 의	부 心 13획
醫	醫術의술 / 名醫명의 / 韓醫한의	의원 의	부 酉 18획
者	記者기자 / 作者작자 / 學者학자	놈/사람 자	부 耂 9획
作	作文작문 / 作業작업 / 作家작가	지을 작	부 亻 7획
昨	昨年작년 / 昨日작일 / 昨今작금	어제 작	부 日 9획

6급 배정한자

章	文章문장 / 圖章도장 / 樂章악장	글 장	부수 立 11획
才	天才천재 / 文才문재 / 人才인재	재주 재	부수 扌 3획
在	現在현재 / 所在소재 / 在野재야	있을 재	부수 土 6획
戰	戰後전후 / 休戰휴전 / 戰術전술	싸움 전	부수 戈 16획
定	安定안정 / 定數정수 / 定立정립	정할 정	부수 宀 8획
庭	家庭가정 / 親庭친정 / 校庭교정	뜰 정	부수 广 10획
題	話題화제 / 題號제호 / 問題문제	제목 제	부수 頁 18획
第	第一제일 / 等第등제 / 第三者제삼자	차례 제	부수 竹 11획
朝	朝夕조석 / 朝會조회 / 朝食조식	아침 조	부수 月 12획
族	民族민족 / 家族가족 / 親族친족	겨레 족	부수 方 11획
注	注入주입 / 注意주의 / 注文주문	물댈 주	부수 氵 8획
晝	晝夜주야 / 晝間주간 / 白晝백주	낮 주	부수 日 11획
集	集合집합 / 集中집중 / 集會집회	모을 집	부수 隹 12획
窓	窓門창문 / 同窓동창 / 窓口창구	창문 창	부수 穴 11획
淸	淸算청산 / 淸風청풍 / 淸明청명	맑을 청	부수 氵 11획
體	全體전체 / 體力체력 / 體育체육	몸 체	부수 骨 23획
親	先親선친 / 親家친가 / 母親모친	친할 친	부수 見 16획
太	太風태풍 / 太陽태양 / 太祖태조	클/처음 태	부수 大 4획
通	通話통화 / 共通공통 / 通風통풍	통할 통	부수 辶 11획
特	特食특식 / 特出특출 / 特級특급	특별할 특	부수 牛 10획
表	表現표현 / 表面표면 / 圖表도표	겉 표	부수 衣 8획
風	東風동풍 / 海風해풍 / 風向풍향	바람 풍	부수 風 9획
合	合同합동 / 合心합심 / 合成합성	합할 합	부수 口 6획
幸	幸運행운 / 不幸불행 / 多幸다행	다행 행	부수 干 8획
行	孝行효행 / 行動행동 / 行事행사	다닐 행/항렬 항	부수 行 6획
向	方向방향 / 向上향상 / 動向동향	향할 향	부수 口 6획
現	現場현장 / 現金현금 / 出現출현	나타날 현	부수 玉 11획
形	形成형성 / 形便형편 / 成形성형	모양 형	부수 彡 7획
號	記號기호 / 號外호외 / 信號신호	이름/부를 호	부수 虍 13획
和	平和평화 / 和合화합 / 和音화음	화할 화	부수 口 8획
畫	名畫명화 / 畫家화가 / 畫數획수	그림 화/그을 획	부수 田 12획
黃	黃土황토 / 黃色황색 / 黃金황금	누를 황	부수 黃 12획
會	會社회사 / 會話회화 / 會食회식	모일 회	부수 日 13획
訓	敎訓교훈 / 訓話훈화 / 訓民훈민	가르칠 훈	부수 言 10획

사자성어 — 시험에 자주 나오는 사자성어

- **各自圖生** [각자도생] 각자 살길을 도모함.
  各 각각 각 / 自 스스로 자 / 圖 그림 도 / 生 날 생

- **格物致知** [격물치지] 사물을 잘 관찰하여 그 이치를 알게 됨.
  格 격식 격 / 物 물건 물 / 致 이를 치 / 知 알 지

- **見物生心** [견물생심] 물건을 보면 욕심이 생김.
  見 볼 견 / 物 물건 물 / 生 날 생 / 心 마음 심

- **敬老孝親** [경로효친] 노인을 공경하고 부모에게 효도함. ㉌ 敬老事親(경로사친)
  敬 공경할 경 / 老 늙을 로 / 孝 효도 효 / 親 친할 친

- **敬天愛人** [경천애인] 하늘을 숭배하고 인간을 사랑함.
  敬 공경할 경 / 天 하늘 천 / 愛 사랑 애 / 人 사람 인

- **古今東西** [고금동서] 동양이나 서양에 있어서의 예나 지금이나. 곧 어디서나, 언제나의 뜻.
  古 예 고 / 今 이제 금 / 東 동녘 동 / 西 서녘 서

- **關東八景** [관동팔경] 강원도 동해안에 있는 여덟 군데의 명승지.
  關 관계할 관 / 東 동녘 동 / 八 여덟 팔 / 景 볕, 경치 경

- **公明正大** [공명정대] 마음이 공평하고 조금도 사사로움이 없이 바름.
  公 공평할 공 / 明 밝을 명 / 正 바를 정 / 大 큰 대

- **過失致死** [과실치사] 과실 행위로 말미암아 사람을 죽임.
  過 지날 과 / 失 잃을 실 / 致 이를 치 / 死 죽을 사

- **敎外別傳** [교외별전] 선종에서, 부처의 가르침을 말이나 글에 의하지 않고 바로 마음에서 마음으로 전하여 진리를 깨닫게 하는 법.
  敎 가르칠 교 / 外 바깥 외 / 別 다를 별 / 傳 전할 전

- **交友以信** [교우이신] 벗을 사귐에 믿음으로써 함.
  交 사귈 교 / 友 벗 우 / 以 써 이 / 信 믿을 신

- **敎學相長** [교학상장] 사람에게 가르쳐 주거나 스승에게 배우거나 모두 나의 학업을 증진시킴.
  敎 가르칠 교 / 學 배울 학 / 相 서로 상 / 長 긴 장

- **區郡邑面** [구군읍면] 행정 단위.
  區 구역 구 / 郡 고을 군 / 邑 고을 읍 / 面 낯 면

- **九死一生** [구사일생] 여러 번 죽을 고비를 넘기고 겨우 살아남.
  九 아홉 구 / 死 죽을 사 / 一 한 일 / 生 날 생

- **今時初聞** [금시초문] 이제야 비로소 처음으로 들음.
  今 이제 금 / 時 때 시 / 初 처음 초 / 聞 들을 문

- **落木寒月** [낙목한월] 낙엽이 지는 추운 계절.
  落 떨어질 락 / 木 나무 목 / 寒 찰 한 / 月 달 월

- **能小能大** [능소능대] 모든 일에 두루 능함.
  能 능할 능 / 小 작을 소 / 能 능할 능 / 大 큰 대

- **大書特筆** [대서특필] 뚜렷이 드러나게 큰 글자로 씀. 어떤 사실을 아주 큰 비중을 두어서 서술함.
  大 큰 대 / 書 글 서 / 特 특별할 특 / 筆 붓 필

- **讀書三到** [독서삼도] 독서할 때에 세 가지 필요한 것. 곧 心到(심도), 眼到(안도), 口到(구도).
  讀 읽을 독 / 書 글 서 / 三 석 삼 / 到 이를 도

- 同性同本 [동성동본] 성도 같고 본관도 같음.
  同 같을 동 / 姓 성 성 / 同 같을 동 / 本 근본 본
- 馬耳東風 [마이동풍] 말 귀에 부는 봄바람. 곧 남의 말을 귀담아 듣지 않음을 이르는 말. ㉴ 牛耳讀經(우이독경)
  馬 말 마 / 耳 귀 이 / 東 동녘 동 / 風 바람 풍
- 木人石心 [목인석심] 나무로 만든 사람에 돌로 만든 마음. 곧 의지가 굳어 어떤 유혹에도 흔들리지 않음.
  木 나무 목 / 人 사람 인 / 石 돌 석 / 心 마음 심
- 無不通知 [무불통지] 무엇에든지 환히 통하여 모르는 것이 없음.
  無 없을 무 / 不 아닐 불 / 通 통할 통 / 知 알 지
- 無事通過 [무사통과] 아무 탈 없이 지나감.
  無 없을 무 / 事 일 사 / 通 통할 통 / 過 지날 과
- 無所不知 [무소부지] 모르는 것이 없음.
  無 없을 무 / 所 바 소 / 不 아닐 부 / 知 알 지
- 聞一知十 [문일지십] 하나를 들으면 열 가지를 미루어 안다는 뜻으로, 매우 총명함을 이르는 말.
  聞 들을 문 / 一 한 일 / 知 알 지 / 十 열 십
- 門前成市 [문전성시] 찾아오는 손님으로 문 앞이 장터와 같이 복잡하다는 뜻으로, 방문객이 많음을 이르는 말.
  門 문 문 / 前 앞 전 / 成 이룰 성 / 市 시장 시
- 百年大計 [백년대계] 먼 장래를 내다보고 세우는 큰 계획.
  百 일백 백 / 年 해 년 / 大 큰 대 / 計 꾀할 계
- 百年河淸 [백년하청] 아무리 바라고 기다려도 실현될 가망이 없음을 이르는 말.
  百 일백 백 / 年 해 년 / 河 물 하 / 淸 맑을 청
- 白面書生 [백면서생] 글만을 읽어서 세상일에 경험이 없는 사람.
  白 흰 백 / 面 낯 면 / 書 글 서 / 生 날 생
- 奉仕活動 [봉사활동] 나라나 사회 또는 남을 위하여 자신의 이해를 돌보지 아니하고 몸과 마음을 다하여 일함.
  奉 받들 봉 / 仕 섬길 사 / 活 살 활 / 動 움직일 동
- 父傳子傳 [부전자전] 대대로 아버지가 아들에게 전함.
  父 아버지 부 / 傳 전할 전 / 子 아들 자 / 傳 전할 전
- 北窓三友 [북창삼우] 백거이의 시(詩)에서 나온 말로, 거문고와 술과 시를 아울러 이르는 말.
  北 북녘 북 / 窓 창 창 / 三 석 삼 / 友 벗 우
- 不立文字 [불립문자] 도를 깨달음은 문자나 말로 전하는 것이 아니라 마음에서 마음으로 전해짐. ㉴ 以心傳心(이심전심)
  不 아닐 불 / 立 설 립 / 文 글월 문 / 字 글자 자
- 不問可知 [불문가지] 묻지 않고도 알 수 있음.
  不 아닐 불 / 問 물을 문 / 可 옳을 가 / 知 알 지
- 不問曲直 [불문곡직] 굽음과 곧음을 묻지 않는다는 뜻으로, 옳고 그른 것을 묻지 아니함.
  不 아닐 불 / 問 물을 문 / 曲 굽을 곡 / 直 곧을 직
- 不遠千里 [불원천리] 천 리를 멀다 여기지 아니함.
  不 아닐 불 / 遠 멀 원 / 千 일천 천 / 里 마을 리
- 不學無識 [불학무식] 배우지 못하여 아는 것이 없음. ㉵ 博學多識(박학다식)
  不 아닐 불 / 學 배울 학 / 無 없을 무 / 識 알 식
- 四苦八苦 [사고팔고] 온갖 고통, 또는 심한 고통.
  四 넉 사 / 苦 괴로울 고 / 八 여덟 팔 / 苦 괴로울 고

- **士農工商** [사농공상] 선비·농부·공장(工匠)·상인의 네 가지 계급. 봉건 시대의 계급 관념을 순서대로 일컫는 말.
  士 선비 사 / 農 농사 농 / 工 장인 공 / 商 장사 상

- **事事件件** [사사건건] 모든 일. 온갖 사건. 일마다. ㈜ 件件事事(건건사사)
  事 일 사 / 事 일 사 / 件 물건 건 / 件 물건 건

- **事親以孝** [사친이효] 신라시대 때 화랑의 다섯 가지 계율인 세속 오계의 하나로, 어버이 섬기기를 효로써 하여야 한다는 말.
  事 일 사 / 親 친할 친 / 以 써 이 / 孝 효도 효

- **山林綠化** [산림녹화] 황폐한 산에 식목·산림 보호 등을 하여 초목이 무성하게 하는 일.
  山 메 산 / 林 수풀 림 / 綠 푸를 록 / 化 될 화

- **山戰水戰** [산전수전] 산에서의 싸움, 물에서의 싸움. 세상일의 온갖 고난을 겪은 경험을 비유하여 이르는 말.
  山 메 산 / 戰 싸움 전 / 水 물 수 / 戰 싸움 전

- **生老病死** [생로병사] 인생이 반드시 받아야 하는 네 가지의 고통. 곧 태어나고, 늙고, 병들고, 죽는 일.
  生 날 생 / 老 늙을 로 / 病 병들 병 / 死 죽을 사

- **生不如死** [생불여사] 살아 있는 것이 죽느니 못함. 몹시 곤란한 지경에 빠져 있음을 뜻함.
  生 날 생 / 不 아닐 불 / 如 같을 여 / 死 죽을 사

- **生死苦樂** [생사고락] 생사와 고락. 살고 죽는 일과 괴롭고 즐거운 일.
  生 날 생 / 死 죽을 사 / 苦 괴로울 고 / 樂 즐길 락

- **先禮後學** [선례후학] 먼저 예의를, 나중에 학문을 배우라는 말. 모든 일에 예의가 먼저라는 말.
  先 먼저 선 / 禮 예도 례 / 後 뒤 후 / 學 배울 학

- **歲歲年年** [세세년년] 매년.
  歲 해 세 / 歲 해 세 / 年 해 년 / 年 해 년

- **歲寒三友** [세한삼우] 추위에 강한 세 나무. 즉 소나무, 대나무, 매화나무를 이름.
  歲 해 세 / 寒 찰 한 / 三 석 삼 / 友 벗 우

- **新聞記者** [신문기자] 신문에 실을 기사의 취재·수집·집필·편집에 종사하는 사람.
  新 새 신 / 聞 들을 문 / 記 기록할 기 / 者 놈 자

- **身土不二** [신토불이] 우리의 몸과 태어난 땅은 하나. 즉, 같은 땅에서 난 것이라야 체질에 가장 잘 맞음.
  身 몸 신 / 土 흙 토 / 不 아닐 불 / 二 두 이

- **十年知己** [십년지기] 오래전부터 사귀어 온 친한 친구.
  十 열 십 / 年 해 년 / 知 알 지 / 己 몸 기

- **安分知足** [안분지족] 편안한 마음으로 제 분수를 지키며 만족할 줄 앎.
  安 편안 안 / 分 나눌 분 / 知 알 지 / 足 발 족

- **良藥苦口** [양약고구] 좋은 약은 입에 쓰지만 병에는 이롭다는 말. 충고하는 말은 귀에 거슬려도 자신에게 이롭다는 말.
  良 어질 량 / 藥 약 약 / 苦 괴로울 고 / 口 입 구

- **語不成說** [어불성설] 말이 하나의 일관된 논의로 되지 못함. 즉 말이 조금도 이치에 맞지 않음.
  語 말씀 어 / 不 아닐 불 / 成 이룰 성 / 說 말씀 설

- **言行一致** [언행일치] 하는 말과 행동이 같음. ㈜ 言行相反(언행상반)
  言 말씀 언 / 行 다닐 행 / 一 한 일 / 致 이를 치

- **年中行事** [연중행사] 해마다 일정한 시기를 정하여 놓고 하는 행사.
  年 해 년 / 中 가운데 중 / 行 다닐 행 / 事 일 사

- 五風十雨 [오풍십우] 오 일에 한 번씩 바람이 불고 십 일에 한 번씩 비가 옴. 곧 세상사가 순조롭게 되어감을 이르는 말.
  五 다섯 오 / 風 바람 풍 / 十 열 십 / 雨 비 우

- 月下老人 [월하노인] 남녀의 인연을 맺어 주는 사람. 결혼의 중매자. ㊀ 月下氷人(월하빙인)
  月 달 월 / 下 아래 하 / 老 늙을 로 / 人 사람 인

- 有口無言 [유구무언] 입은 있으나 할 말은 없음. 변명할 말이 없음.
  有 있을 유 / 口 입 구 / 無 없을 무 / 言 말씀 언

- 類萬不同 [유만부동] 분수에 맞지 않고 정도에 넘침. 또는 많은 것들이 서로 같지 않고 다름.
  類 무리 류 / 萬 일만 만 / 不 아닐 부 / 同 같을 동

- 有名無實 [유명무실] 이름만 있고 실질적인 능력이나 모습을 갖추지 못함. 빈 명예만 있음.
  有 있을 유 / 名 이름 명 / 無 없을 무 / 實 열매 실

- 耳目口鼻 [이목구비] 귀·눈·입·코를 통틀어 이르는 말. 인물.
  耳 귀 이 / 目 눈 목 / 口 입 구 / 鼻 코 비

- 以心傳心 [이심전심] 말이나 글을 통하지 않고 마음에서 마음으로 전함. ㊀ 不立文字(불립문자)
  以 써 이 / 心 마음 심 / 傳 전할 전 / 心 마음 심

- 人命在天 [인명재천] 사람의 목숨은 하늘의 뜻에 달려 있음.
  人 사람 인 / 命 목숨 명 / 在 있을 재 / 天 하늘 천

- 人事不省 [인사불성] 정신을 잃어 의식이 없음.
  人 사람 인 / 事 일 사 / 不 아닐 불 / 省 살필 성

- 人山人海 [인산인해] 산과 바다처럼 수를 헤아리지 못할 만큼 많은 사람이 모임.
  人 사람 인 / 山 메 산 / 人 사람 인 / 海 바다 해

- 一口二言 [일구이언] 한 입으로 두 가지 말을 함. 곧 말을 이랬다저랬다 함을 이름.
  一 한 일 / 口 입 구 / 二 두 이 / 言 말씀 언

- 一日三秋 [일일삼추] 하루가 삼 년 같음. 즉 몹시 애태우며 기다림.
  一 한 일 / 日 날 일 / 三 석 삼 / 秋 가을 추

- 一長一短 [일장일단] 장점도 있고 단점도 있음.
  一 한 일 / 長 긴 장 / 一 한 일 / 短 짧을 단

- 一朝一夕 [일조일석] 하루 아침·하루 저녁처럼 짧은 시일.
  一 한 일 / 朝 아침 조 / 一 한 일 / 夕 저녁 석

- 立春大吉 [입춘대길] 입춘을 맞이하여 크게 길함.
  立 설 립 / 春 봄 춘 / 大 큰 대 / 吉 길할 길

- 自給自足 [자급자족] 자기의 수요를 자기가 생산하여 충당함.
  自 스스로 자 / 給 줄 급 / 自 스스로 자 / 足 발 족

- 自古以來 [자고이래] 예부터 지금까지의 동안.
  自 스스로 자 / 古 예 고 / 以 써 이 / 來 올 래

- 自問自答 [자문자답] 자기가 묻고 자기가 대답함.
  自 스스로 자 / 問 물을 문 / 自 스스로 자 / 答 대답 답

- 自手成家 [자수성가] 물려받은 재산이 없는 사람이 제 힘으로 한 살림을 이룩함.
  自 스스로 자 / 手 손 수 / 成 이룰 성 / 家 집 가

- 作心三日 [작심삼일] 마음먹은 일이 삼 일만 감. 결심이 굳지 못함을 이르는 말.
  作 지을 작 / 心 마음 심 / 三 석 삼 / 日 날 일

- 電光石火 　[전광석화] 　번갯불이나 부싯돌의 불이 번쩍이는 것처럼, 몹시 짧은 시간이나 매우 빠른 동작을 비유한 말.
  電 번개 전 / 光 빛 광 / 石 돌 석 / 火 불 화

- 前無後無 　[전무후무] 　전에도 없었고 앞으로도 없음. ㊤ 空前絕後(공전절후)
  前 앞 전 / 無 없을 무 / 後 뒤 후 / 無 없을 무

- 正正堂堂 　[정정당당] 　태도나 처지가 꿀림이 없이 바르고 떳떳함.
  正 바를 정 / 正 바를 정 / 堂 집 당 / 堂 집 당

- 朝聞夕死 　[조문석사] 　아침에 참된 이치를 들어 깨달으면 저녁에 죽어도 한이 될 것이 없다는 말.
  朝 아침 조 / 聞 들을 문 / 夕 저녁 석 / 死 죽을 사

- 知行合一 　[지행합일] 　지식과 행동이 서로 맞음. ㊤ 知行一致(지행일치)
  知 알 지 / 行 다닐 행 / 合 합할 합 / 一 한 일

- 千客萬來 　[천객만래] 　많은 손님이 찾아옴.
  千 일천 천 / 客 손님 객 / 萬 일만 만 / 來 올 래

- 千萬多幸 　[천만다행] 　매우 다행함.
  千 일천 천 / 萬 일만 만 / 多 많을 다 / 幸 다행 행

- 千變萬化 　[천변만화] 　천만 가지로 변화한다는 뜻으로, 변화가 무궁한 것을 이름.
  千 일천 천 / 變 변할 변 / 萬 일만 만 / 化 될 화

- 千村萬落 　[천촌만락] 　수많은 촌락.
  千 일천 천 / 村 마을 촌 / 萬 일만 만 / 落 떨어질 락

- 草綠同色 　[초록동색] 　풀색과 초록색은 같은 색임. 같은 처지의 사람들은 그 사람끼리 서로 어울림. ㊤ 類類相從(유유상종)
  草 풀 초 / 綠 초록빛 록 / 同 같을 동 / 色 색 색

- 秋風落葉 　[추풍낙엽] 　가을 바람에 흩어져 떨어지는 낙엽. 세력이나 형세가 갑자기 기울거나 시듦.
  秋 가을 추 / 風 바람 풍 / 落 떨어질 락 / 葉 잎 엽

- 八方美人 　[팔방미인] 　어느 모로 보나 아름다운 미인. 또는 여러 방면에 능통한 사람을 이르는 말.
  八 여덟 팔 / 方 모 방 / 美 아름다울 미 / 人 사람 인

- 敗家亡身 　[패가망신] 　가산을 탕진하고 몸을 망침.
  敗 패할 패 / 家 집 가 / 亡 망할 망 / 身 몸 신

- 風月主人 　[풍월주인] 　자연을 즐기는 사람.
  風 바람 풍 / 月 달 월 / 主 주인 주 / 人 사람 인

- 行動擧止 　[행동거지] 　몸을 움직이는 모든 동작.
  行 다닐 행 / 動 움직일 동 / 擧 들 거 / 止 그칠 지

- 形形色色 　[형형색색] 　모양과 종류가 다른 가지가지. 가지각색.
  形 모양 형 / 形 모양 형 / 色 색 색 / 色 색 색

- 花朝月夕 　[화조월석] 　꽃 피는 아침과 달 뜨는 저녁. 곧 경치가 좋은 시절을 말함.
  花 꽃 화 / 朝 아침 조 / 月 달 월 / 夕 저녁 석

유형별 한자 — 반대어·상대어

江 강	강	山 메	산			死 죽을	사	活 살	활	
強 강할	강	弱 약할	약			山 메	산	河 물	하	
去 갈	거	來 올	래			上 위	상	下 아래	하	
輕 가벼울	경	重 무거울	중			生 살	생	死 죽을	사	
古 예	고	今 이제	금			先 먼저	선	後 뒤	후	
苦 쓸	고	樂 즐길	락			成 이룰	성	敗 패할	패	
曲 굽을	곡	直 곧을	직			勝 이길	승	敗 패할	패	
功 공	공	過 허물	과			水 물	수	火 불	화	
敎 가르칠	교	學 배울	학			手 손	수	足 발	족	
吉 길할	길	凶 흉할	흉			始 비로소	시	末 끝	말	
南 남녘	남	北 북녘	북			始 비로소	시	終 마칠	종	
男 사내	남	女 계집	녀			新 새	신	舊 옛	구	
內 안	내	外 바깥	외			心 마음	심	身 몸	신	
多 많을	다	少 적을	소			言 말씀	언	行 다닐	행	
當 다땅할	당	落 떨어질	락			遠 멀	원	近 가까울	근	
大 큰	대	小 작을	소			有 있을	유	無 없을	무	
東 동녘	동	西 서녘	서			因 까닭	인	果 결과	과	
冬 겨울	동	夏 여름	하			入 들	입	出 날	출	
登 오를	등	落 떨어질	락			自 스스로	자	他 다를	타	
冷 찰	랭	溫 따뜻할	온			長 긴	장	短 짧을	단	
老 늙을	로	少 적을	소			前 앞	전	後 뒤	후	
勞 일할	로	使 부릴	사			朝 아침	조	夕 저녁	석	
陸 뭍	륙	海 바다	해			祖 할아버지	조	孫 손자	손	
利 이로울	리	害 해로울	해			左 왼	좌	右 오른	우	
賣 팔	매	買 살	매			晝 낮	주	夜 밤	야	
問 물을	문	答 대답	답			主 주인	주	客 손	객	
物 물건	물	心 마음	심			天 하늘	천	地 땅	지	
發 필	발	着 붙을	착			春 봄	춘	秋 가을	추	
本 근본	본	末 끝	말			兄 형	형	弟 아우	제	
父 아버지	부	母 어머니	모			黑 검을	흑	白 흰	백	

유형별 한자 — 유의어·동의어

家 집	가	屋 집	옥	兵 병사	병	卒 군사	졸
建 세울	건	立 설	립	奉 받들	봉	仕 섬길	사
京 서울	경	都 도읍	도	社 모일	사	會 모일	회
競 다툴	경	爭 다툴	쟁	思 생각	사	考 생각할	고
計 셀	계	算 셈	산	算 셈	산	數 셈	수
果 실과	과	實 열매	실	善 착할	선	良 어질	량
敎 가르칠	교	訓 가르칠	훈	性 성품	성	質 바탕	질
區 구분할	구	別 나눌	별	樹 나무	수	木 나무	목
規 법	규	格 격식	격	始 비로소	시	初 처음	초
規 법	규	定 정할	정	身 몸	신	體 몸	체
根 뿌리	근	本 근본	본	兒 아이	아	童 아이	동
急 급할	급	速 빠를	속	約 맺을	약	束 묶을	속
技 재주	기	術 재주	술	養 기를	양	育 기를	육
年 해	년	歲 해	세	言 말씀	언	語 말씀	어
談 말씀	담	話 말씀	화	永 길	영	遠 멀	원
道 길	도	路 길	로	偉 클	위	大 큰	대
圖 그림	도	畵 그림	화	衣 옷	의	服 옷	복
到 이를	도	來 올	래	戰 싸움	전	爭 다툴	쟁
到 이를	도	着 붙을	착	正 바를	정	直 곧을	직
陸 뭍	륙	地 땅	지	停 머무를	정	止 그칠	지
明 밝을	명	朗 밝을	랑	終 마칠	종	結 맺을	결
文 글월	문	章 글	장	知 알	지	識 알	식
物 만물	물	件 물건	건	質 바탕	질	量 양	량
物 만물	물	品 물건	품	村 마을	촌	里 마을	리
發 필	발	展 펼	전	土 흙	토	地 땅	지
法 법	법	規 법	규	便 편할	편	安 편안	안
法 법	법	式 법	식	河 물	하	川 내	천
法 법	법	典 법	전	學 배울	학	習 익힐	습
法 법	법	則 법칙	칙	寒 찰	한	冷 찰	랭
變 변할	변	化 될	화	海 바다	해	洋 큰바다	양

약자정리 — 시험에 자주 나오는 약자

정자	약자	훈·음	정자	약자	훈·음
價	価	값 가	兒	児	아이 아
擧	挙	들 거	惡	悪	악할 악 / 미워할 오
輕	軽	가벼울 경	藥	薬	약 약
關	関	관계할 관	醫	医	의원 의
觀	观,覌	볼 관	爭	争	다툴 쟁
廣	広	넓을 광	戰	战	싸움 전
區	区	구분할 구	傳	伝	전할 전
舊	旧	예 구	定	芝	정할 정
國	国	나라 국	卒	卆	마칠 졸
氣	気	기운 기	晝	昼	낮 주
團	団	둥글 단	質	貭	바탕 질
當	当	마땅 당	參	参	참여할 참 / 석 삼
對	対	대할 대	鐵	鉄	쇠 철
圖	図	그림 도	體	体	몸 체
讀	読	읽을 독 / 구절 두	學	学	배울 학
獨	独	홀로 독	號	号	이름 호
樂	楽	즐길 락/노래 악/좋아할 요	畫	画	그림 화 / 그을 획
來	来	올 래	會	会	모일 회
禮	礼	예도 례			
勞	労	일할 로			
萬	万	일만 만			
賣	売	팔 매			
發	発	필 발			
變	変	변할 변			
寫	写,冩	베낄 사			
數	数	셈 수 / 자주 삭			
實	実	열매 실			

재미있는 원리로 배우는
한자능력검정시험
기출 및 예상문제

5급

기출 및 예상문제　5급

제1회 ┃ 기출 및 예상문제 [시험시간 : 50분]

1 다음 漢字語의 讀音을 쓰세요.(1~35)

(1) 産業　(2) 可決　(3) 物價　(4) 風景　(5) 競爭
(6) 患者　(7) 漁夫　(8) 旅行　(9) 現實　(10) 宿題
(11) 到着　(12) 最小　(13) 火災　(14) 英雄　(15) 傳記
(16) 賣買　(17) 種類　(18) 洗手　(19) 獨唱　(20) 考案
(21) 變化　(22) 消費　(23) 週末　(24) 歷史　(25) 展示
(26) 野望　(27) 雨水　(28) 責任　(29) 石炭　(30) 方位
(31) 河川　(32) 利害　(33) 重要　(34) 感情　(35) 古典

2 다음 漢字의 訓과 音을 쓰세요.(36~58)

(36) 祝　(37) 船　(38) 形　(39) 溫　(40) 件
(41) 格　(42) 根　(43) 思　(44) 性　(45) 馬
(46) 戰　(47) 結　(48) 賞　(49) 知　(50) 待
(51) 特　(52) 節　(53) 告　(54) 冷　(55) 熱
(56) 觀　(57) 質　(58) 福

3 다음 밑줄 친 漢字語를 漢字로 쓰세요.(59~71)

(59) 어려운 친구를 돕기 위해 전력을 다했습니다.
(60) 인터넷의 발달로 세계는 하나의 이웃이 되었습니다.
(61) 지하철 입구에서 친구를 만났습니다.

(62) 이름과 주소를 정확히 적어 주시기 바랍니다.
(63) 불우이웃돕기 행사에 많은 시민들이 참석했습니다.
(64) 각자 자기가 맡은 일은 최선을 다합시다.
(65) 우리 집 정원에는 화초들이 많이 있습니다.
(66) 각 나라 선수들이 국기를 앞세우고 입장했습니다.
(67) 그 학생은 만년 꼴찌입니다.
(68) 당신 가족의 건강과 화합을 기원합니다.
(69) 아버지께서는 건설 회사에 다니십니다.
(70) 조상의 무덤이 있는 곳을 선산이라고 합니다.
(71) 유행성 독감 때문에 휴교를 하였습니다.

4 다음 訓과 音에 맞는 漢字를 쓰세요.(72~76)

(72) 머리 두
(73) 효도 효
(74) 아우 제
(75) 종이 지
(76) 들을 문

5 다음 漢字와 뜻이 상대 또는 반대되는 漢字를 쓰세요.(77~80)

(77) 內 ↔ (　)
(78) 前 ↔ (　)
(79) 春 ↔ (　)
(80) (　) ↔ 地

6 다음 漢字와 뜻이 같거나 비슷한 漢字를 〈例〉에서 찾아 그 번호를 쓰세요.(81~83)

〈例〉 ① 畫　② 計　③ 術　④ 式　⑤ 能　⑥ 都

(81) 技
(82) 京
(83) 圖

기출 및 예상문제 5급

7 다음 ( )에 들어갈 漢字를 〈例〉에서 찾아 그 번호를 써서 漢字語를 만드세요.(84~88)

〈例〉	① 死	② 客	③ 充	④ 育	⑤ 道
	⑥ 無	⑦ 苦	⑧ 加	⑨ 明	⑩ 順

(84) 同( )同樂 (85) 九( )一生 (86) 家庭敎( )
(87) 高速( )路 (88) 公( )正大

8 다음 漢字와 음은 같은데 뜻이 다른 漢字를 〈例〉에서 찾아 그 번호를 쓰세요.(89~91)

〈例〉	① 査	② 曲	③ 具	④ 友	⑤ 停
	⑥ 奉	⑦ 養	⑧ 許	⑨ 束	

(89) 球   (90) 牛   (91) 陽

9 다음 뜻에 맞는 漢字語를 〈例〉에서 찾아 그 번호를 쓰세요.(92~94)

〈例〉	① 改善	② 相對	③ 親書	④ 固定	⑤ 談話	⑥ 訓練

(92) 허물없이 이야기를 나눔.
(93) 잘못된 점을 고치어 잘 되게 함.
(94) 일정한 곳에 있어 움직이지 않음.

10 다음 漢字의 略字(약자:획수를 줄인 漢字)를 쓰세요.(95~97)

〈例〉 國 → 国

(95) 學   (96) 發   (97) 區

11 다음 물음에 답하세요.(98~100)

(98)  ㉠획의 쓰는 순서를 아래에서 골라 번호를 쓰세요.
① 두 번째　　② 세 번째　　③ 네 번째　　④ 다섯 번째

(99)  ㉠획의 쓰는 순서를 아래에서 골라 번호를 쓰세요.
① 두 번째　　② 세 번째　　③ 네 번째　　④ 다섯 번째

(100)  ㉠획의 쓰는 순서를 아래에서 골라 번호를 쓰세요.
① 네 번째　　② 여섯 번째　　③ 일곱 번째　　④ 여덟 번째

기출 및 예상문제 5급

제2회 ▎ 기출 및 예상문제 [시험시간 : 50분]

1 다음 漢字語의 讀音을 쓰세요.(1~35)

(1) 許可　(2) 觀客　(3) 廣場　(4) 新舊　(5) 正當
(6) 重罪　(7) 都市　(8) 勞動　(9) 着陸　(10) 展望
(11) 體操　(12) 人類　(13) 方法　(14) 惡材　(15) 凶年
(16) 財團　(17) 原料　(18) 特技　(19) 奉仕　(20) 選定
(21) 節約　(22) 家屋　(23) 友情　(24) 最古　(25) 病院
(26) 偉大　(27) 停止　(28) 強調　(29) 住宅　(30) 效果
(31) 初等　(32) 失敗　(33) 案內　(34) 所願　(35) 養育

2 다음 漢字의 訓과 音을 쓰세요.(36~58)

(36) 擧　(37) 浴　(38) 雲　(39) 産　(40) 番
(41) 題　(42) 過　(43) 性　(44) 集　(45) 寒
(46) 唱　(47) 終　(48) 消　(49) 現　(50) 建
(51) 任　(52) 傳　(53) 貴　(54) 理　(55) 寫
(56) 湖　(57) 赤　(58) 朝

3 다음 밑줄 친 漢字語를 漢字로 쓰세요.(59~71)

(59) 그 상가에서는 각종 전자 제품이 판매되고 있습니다.
(60) 현수는 학생 대표로 수학 경시대회에 나갔습니다.
(61) 제일 좋아하는 과목은 국어입니다.
(62) 오늘 저녁에 우리 가족은 외식하기로 하였습니다.

(63) 잘못된 내용을 신문에 <u>공개</u>했습니다.
(64) 푸른 하늘을 <u>청천</u>이라고 합니다.
(65) 일기예보에서 <u>내일</u>은 눈이 온다고 합니다.
(66) 국군 아저씨에게 위문 <u>편지</u>를 썼습니다.
(67) 거래 관계에서 가장 중요한 것은 <u>신용</u>입니다.
(68) 이 재산은 그가 <u>평생</u> 모은 것입니다.
(69) 그는 <u>근본</u>이 착한 사람입니다.
(70) 위험한 일이 생기지 않아서 정말 <u>다행</u>입니다.
(71) 내 <u>친구</u> 소연이는 틈만 나면 한자 공부를 합니다.

4 다음 訓과 音에 맞는 漢字를 쓰세요.(72~76)

(72) 큰바다 양   (73) 편안 안   (74) 먼저 선
(75) 기록할 기   (76) 사랑 애

5 다음 漢字와 뜻이 상대 또는 반대되는 漢字를 쓰세요.(77~80)

(77) 敎 ↔ (　)   (78) (　) ↔ 下
(79) 入 ↔ (　)   (80) 左 ↔ (　)

6 다음 漢字와 뜻이 같거나 비슷한 漢字를 〈例〉에서 찾아 그 번호를 쓰세요.(81~83)

〈例〉 ① 品   ② 價   ③ 商   ④ 路   ⑤ 落   ⑥ 爭

(81) 道   (82) 物   (83) 競

7 다음 ( )에 들어갈 漢字를 〈例〉에서 찾아 그 번호를 써서 漢字語를 만드세요.(84~88)

〈例〉	① 善	② 答	③ 戰	④ 馬	⑤ 藥
	⑥ 衣	⑦ 致	⑧ 習	⑨ 登	⑩ 知

(84) 東問西( )　　(85) 山戰水( )　　(86) 醫( )分業
(87) 言行一( )　　(88) 白( )民族

8 다음 漢字와 음은 같은데 뜻이 다른 漢字를 〈例〉에서 찾아 그 번호를 쓰세요.(89~91)

〈例〉	① 社	② 給	③ 充	④ 州	⑤ 首
	⑥ 考	⑦ 化	⑧ 比	⑨ 示	

(89) 査　　　　(90) 週　　　　(91) 和

9 다음 뜻에 맞는 漢字語를 〈例〉에서 찾아 그 번호를 쓰세요.(92~94)

〈例〉	① 死後	② 救急	③ 有序	④ 敗亡	⑤ 明朗	⑥ 加工

(92) 죽은 뒤.
(93) 전쟁에 패해서 망함.
(94) 맑고 밝음.

10 다음 漢字의 略字(약자:획수를 줄인 漢字)를 쓰세요.(95~97)

〈例〉 國 → 国

(95) 萬　　　　(96) 對　　　　(97) 氣

11 다음 물음에 답하세요.(98~100)

(98)  ㉠획의 쓰는 순서를 아래에서 골라 번호를 쓰세요.
① 네 번째 　② 다섯 번째　③ 여섯 번째　④ 일곱 번째

(99) 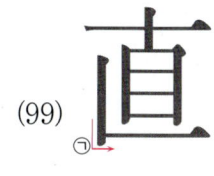 ㉠획의 쓰는 순서를 아래에서 골라 번호를 쓰세요.
① 네 번째 　② 여섯 번째　③ 일곱 번째　④ 여덟 번째

(100) 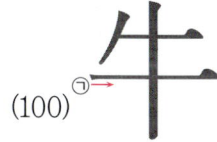 ㉠획의 쓰는 순서를 아래에서 골라 번호를 쓰세요.
① 첫 번째 　② 두 번째　③ 세 번째　④ 네 번째

제3회 │ 기출 및 예상문제 [시험시간 : 50분]

1 다음 漢字語의 讀音을 쓰세요.(1~35)

(1) 景氣   (2) 意見   (3) 道德   (4) 藥局   (5) 過失
(6) 團束   (7) 善惡   (8) 落葉   (9) 要約   (10) 汽車
(11) 獨立 (12) 吉凶   (13) 分量   (14) 領海   (15) 災害
(16) 交流 (17) 調査   (18) 商店   (19) 着發   (20) 漁船
(21) 理性 (22) 事實   (23) 醫院   (24) 黑白   (25) 勝敗
(26) 病患 (27) 傳說   (28) 卓球   (29) 敎養   (30) 原因
(31) 卒業 (32) 每週   (33) 首席   (34) 思考   (35) 知識

2 다음 漢字의 訓과 音을 쓰세요.(36~58)

(36) 打   (37) 曲   (38) 己   (39) 停   (40) 品
(41) 利   (42) 昨   (43) 冷   (44) 庭   (45) 必
(46) 消   (47) 期   (48) 順   (49) 元   (50) 路
(51) 定   (52) 良   (53) 輕   (54) 士   (55) 財
(56) 向   (57) 美   (58) 爭

3 다음 밑줄 친 漢字語를 漢字로 쓰세요.(59~71)

(59) 오늘 오후 2시에 친구와 만나기로 약속했습니다.
(60) 우리나라의 자연은 매우 아름답습니다.
(61) 그는 회의 때 적절한 표현을 사용했습니다.
(62) 휴일이면 공원에 가족끼리 놀러 온 사람들이 많습니다.

(63) 모든 사람들이 인류의 평화를 기원합니다.

(64) 고궁을 일반인들에게 개방하였습니다.

(65) 매일 아침 8시까지 등교합니다.

(66) 현수의 꿈은 훌륭한 과학자가 되는 것입니다.

(67) 그 건물 지하에는 많은 물건들이 쌓여 있습니다.

(68) 설날 아침에는 온가족이 모여 조상님께 차례를 지냅니다.

(69) 자수하여 광명을 찾읍시다.

(70) 찬성 20표, 반대 18표로 통과되었습니다.

(71) 우리 아버지와 소연이 아버지는 고등학교 동창이십니다.

4 다음 訓과 音에 맞는 漢字를 쓰세요.(72~76)

(72) 높을 고   (73) 무거울 중   (74) 백성 민

(75) 말씀 어   (76) 가까울 근

5 다음 漢字와 뜻이 상대 또는 반대되는 漢字를 쓰세요.(77~80)

(77) 手 ↔ (　)　　(78) 晝 ↔ (　)

(79) (　) ↔ 弱　　(80) (　) ↔ 夕

6 다음 漢字와 뜻이 같거나 비슷한 漢字를 〈例〉에서 찾아 그 번호를 쓰세요.(81~83)

〈例〉 ① 章　② 始　③ 在　④ 式　⑤ 格　⑥ 再

(81) 文　　(82) 初　　(83) 法

기출 및 예상문제 5급

7 다음 ( )에 들어갈 漢字를 〈例〉에서 찾아 그 번호를 써서 漢字語를 만드세요.(84~88)

〈例〉	① 成	② 樹	③ 雨	④ 風	⑤ 有
	⑥ 奉	⑦ 少	⑧ 綠	⑨ 島	⑩ 友

(84) 門前( )市　　(85) 馬耳東( )　　(86) ( )仕活動
(87) 男女老( )　　(88) 山林( )化

8 다음 漢字와 음은 같은데 뜻이 다른 漢字를 〈例〉에서 찾아 그 번호를 쓰세요.(89~91)

〈例〉	① 擧	② 買	③ 福	④ 件	⑤ 的
	⑥ 勇	⑦ 陽	⑧ 信	⑨ 序	

(89) 去　　(90) 服　　(91) 用

9 다음 뜻에 맞는 漢字語를 〈例〉에서 찾아 그 번호를 쓰세요.(92~94)

〈例〉	① 改正	② 急行	③ 物價	④ 最小	⑤ 關心	⑥ 新舊

(92) 급히 감.
(93) 물건 값.
(94) 새것과 헌것.

10 다음 漢字의 略字(약자:획수를 줄인 漢字)를 쓰세요.(95~97)

〈例〉 國 → 国

(95) 會　　(96) 畫　　(97) 讀

11 다음 물음에 답하세요.(98~100)

(98)  ㉠획의 쓰는 순서를 아래에서 골라 번호를 쓰세요.
① 네 번째   ② 다섯 번째   ③ 여섯 번째   ④ 일곱 번째

(99) 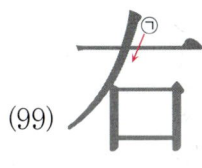 ㉠획의 쓰는 순서를 아래에서 골라 번호를 쓰세요.
① 첫 번째   ② 네 번째   ③ 다섯 번째   ④ 여섯 번째

(100)  ㉠획의 쓰는 순서를 아래에서 골라 번호를 쓰세요.
① 다섯 번째   ② 여섯 번째   ③ 여덟 번째   ④ 아홉 번째

 기출 및 예상문제

제4회 ┃ 기출 및 예상문제 [시험시간 : 50분]

1 다음 漢字語의 讀音을 쓰세요.(1~35)

(1) 加熱 (2) 選擧 (3) 德談 (4) 戰爭 (5) 展開
(6) 價格 (7) 敗北 (8) 改良 (9) 約束 (10) 客觀
(11) 鐵馬 (12) 去來 (13) 再建 (14) 物件 (15) 健實
(16) 法典 (17) 方案 (18) 曲線 (19) 始終 (20) 意識
(21) 變質 (22) 海流 (23) 基本 (24) 財産 (25) 勞使
(26) 廣橋 (27) 首都 (28) 課題 (29) 思念 (30) 期待
(31) 救急 (32) 漁具 (33) 當落 (34) 敬禮 (35) 領土

2 다음 漢字의 訓과 음을 쓰세요.(36~58)

(36) 葉 (37) 元 (38) 決 (39) 貯 (40) 最
(41) 完 (42) 獨 (43) 舊 (44) 望 (45) 臣
(46) 性 (47) 任 (48) 雲 (49) 州 (50) 團
(51) 旅 (52) 買 (53) 規 (54) 兵 (55) 許
(56) 充 (57) 止 (58) 兒

3 다음 밑줄 친 漢字語를 漢字로 쓰세요.(59~71)

(59) 4번 타자가 <u>장외</u> 홈런을 쳤습니다.
(60) 오늘 본 영화는 너무나 <u>감동</u>적이었습니다.
(61) 일의 <u>선후</u>가 뒤바뀌었습니다.
(62) 밝은 달을 <u>명월</u>이라고 합니다.

(63) 동쪽에서 부는 바람을 <u>동풍</u>이라고 합니다.

(64) 작은 <u>신용</u>을 지켜 주면 큰 믿음이 되어 돌아옵니다.

(65) 질문에 대한 정확한 <u>대답</u>을 하십시오.

(66) <u>천재</u>는 99%의 노력과 1%의 영감에 의해 만들어집니다.

(67) 마을 <u>주민</u>들이 한자리에 모여 윷놀이를 하였습니다.

(68) 이곳은 관계자 외에는 출입을 금합니다.

(69) 화재로 인해 많은 <u>인명</u> 피해가 있었습니다.

(70) 이 일은 우리 회사의 <u>사활</u>이 달린 매우 중요한 일입니다.

(71) 중부 고속도로는 최고 <u>속도</u>가 시속 110km입니다.

4 다음 訓과 音에 맞는 漢字를 쓰세요.(72~76)

(72) 옮길 운   (73) 돌 석   (74) 빛 광

(75) 겨레 족   (76) 이로울 리

5 다음 漢字와 뜻이 상대 또는 반대되는 漢字를 쓰세요.(77~80)

(77) ( ) ↔ 女   (78) ( ) ↔ 行

(79) 遠 ↔ ( )   (80) 苦 ↔ ( )

6 다음 漢字와 뜻이 같거나 비슷한 漢字를 〈例〉에서 찾아 그 번호를 쓰세요.(81~83)

〈例〉 ① 訓   ② 技   ③ 致   ④ 里   ⑤ 寒   ⑥ 考

(81) 村   (82) 敎   (83) 冷

7 다음 ( )에 들어갈 漢字를 〈例〉에서 찾아 그 번호를 써서 漢字語를 만드세요.(84~88)

〈例〉 ①堂 ②作 ③吉 ④知 ⑤他
　　　⑥成 ⑦材 ⑧商 ⑨示 ⑩孫

(84) 子( )萬代　　(85) 聞一( )十　　(86) 士農工( )
(87) 自手( )家　　(88) ( )心三日

8 다음 漢字와 음은 같은데 뜻이 다른 漢字를 〈例〉에서 찾아 그 번호를 쓰세요.(89~91)

〈例〉 ①固 ②責 ③末 ④筆 ⑤原
　　　⑥朝 ⑦京 ⑧畫 ⑨失

(89) 調　　(90) 告　　(91) 必

9 다음 뜻에 맞는 漢字語를 〈例〉에서 찾아 그 번호를 쓰세요.(92~94)

〈例〉 ①溫情 ②結果 ③種族 ④着發 ⑤重罪 ⑥表現

(92) 따뜻한 인정.
(93) 무거운 죄.
(94) 도착과 출발.

10 다음 漢字의 略字(약자:획수를 줄인 漢字)를 쓰세요.(95~97)

〈例〉 國 → 国

(95) 體　　(96) 醫　　(97) 圖

11 다음 물음에 답하세요.(98~100)

(98)  ㉠획의 쓰는 순서를 아래에서 골라 번호를 쓰세요.
① 여섯 번째 ② 아홉 번째 ③ 열 번째 ④ 열두 번째

(99)  ㉠획의 쓰는 순서를 아래에서 골라 번호를 쓰세요.
① 두 번째 ② 세 번째 ③ 네 번째 ④ 다섯 번째

(100)  ㉠획의 쓰는 순서를 아래에서 골라 번호를 쓰세요.
① 첫 번째 ② 두 번째 ③ 세 번째 ④ 네 번째

기출 및 예상문제　5급

제5회 ｜ 기출 및 예상문제　[시험시간 : 50분]

1 다음 漢字語의 讀音을 쓰세요.(1~35)

(1) 加速　(2) 意思　(3) 客席　(4) 擧手　(5) 案件
(6) 規格　(7) 合法　(8) 結果　(9) 景致　(10) 浴室
(11) 敬老　(12) 競技　(13) 順序　(14) 作曲　(15) 功過
(16) 主觀　(17) 實査　(18) 救命　(19) 獨島　(20) 寒冷
(21) 質量　(22) 最初　(23) 要領　(24) 流動　(25) 相對
(26) 祝福　(27) 氷炭　(28) 士氣　(29) 友軍　(30) 出産
(31) 鮮明　(32) 養魚　(33) 天災　(34) 溫情　(35) 消化

2 다음 漢字의 訓과 音을 쓰세요.(36~58)

(36) 億　(37) 凶　(38) 期　(39) 變　(40) 約
(41) 傳　(42) 品　(43) 爭　(44) 首　(45) 料
(46) 告　(47) 旅　(48) 仙　(49) 原　(50) 責
(51) 雄　(52) 建　(53) 談　(54) 終　(55) 念
(56) 價　(57) 改　(58) 善

3 다음 밑줄 친 漢字語를 漢字로 쓰세요.(59~71)

(59) 이 약은 하루 세 번, 식후에 드십시오.
(60) 우리 집 가훈은 '정직' 입니다.
(61) 그 정도 다친 것만 해도 불행 중 다행입니다.
(62) 매일매일 신문을 통해 정보를 얻고 있습니다.

(63) '그리스 로마 신화'라는 책을 재미있게 읽었습니다.
(64) 모르는 곳을 지도를 보고 찾아갔습니다.
(65) 날씨가 조석으로는 제법 서늘해졌습니다.
(66) 나의 꿈은 야구 선수가 되는 것입니다.
(67) 주유소에서 자동차에 기름을 넣습니다.
(68) 수력 발전은 물을 이용하여 전기를 일으키는 것을 말합니다.
(69) 다른 사람에게 실례가 되는 행동을 해서는 안 됩니다.
(70) 주말이면 공원에 가족끼리 놀러 나온 사람들이 많습니다.
(71) 현수는 여러 과목 중에서 수학을 제일 좋아합니다.

4. 다음 訓과 音에 맞는 漢字를 쓰세요.(72~76)

(72) 셀 계   (73) 믿을 신   (74) 이룰 성
(75) 무리 등   (76) 아름다울 미

5. 다음 漢字와 뜻이 상대 또는 반대되는 漢字를 쓰세요.(77~80)

(77) (　) ↔ 答   (78) 輕 ↔ (　)
(79) 黑 ↔ (　)   (80) 去 ↔ (　)

6. 다음 漢字와 뜻이 같거나 비슷한 漢字를 〈例〉에서 찾아 그 번호를 쓰세요.(81~83)

〈例〉 ① 知　② 直　③ 財　④ 理　⑤ 體　⑥ 術

(81) 正   (82) 識   (83) 身

7 다음 ( )에 들어갈 漢字를 〈例〉에서 찾아 그 번호를 써서 漢字語를 만드세요.(84~88)

〈例〉	① 川	② 他	③ 亡	④ 無	⑤ 筆
	⑥ 物	⑦ 完	⑧ 河	⑨ 發	⑩ 決

(84) 見( )生心   (85) 山( )草木   (86) 有口( )言

(87) 百年( )淸   (88) 大書特( )

8 다음 漢字와 음은 같은데 뜻이 다른 漢字를 〈例〉에서 찾아 그 번호를 쓰세요.(89~91)

〈例〉	① 湖	② 具	③ 和	④ 在	⑤ 洗
	⑥ 定	⑦ 賞	⑧ 種	⑨ 線	

(89) 商   (90) 材   (91) 號

9 다음 뜻에 맞는 漢字語를 〈例〉에서 찾아 그 번호를 쓰세요.(92~94)

〈例〉	① 南風	② 勞使	③ 形局	④ 熱望	⑤ 失神	⑥ 分類

(92) 노동자와 사용자.

(93) 남쪽에서 불어오는 바람.

(94) 정신을 잃음.

10 다음 漢字의 略字(약자:획수를 줄인 漢字)를 쓰세요.(95~97)

〈例〉 國 → 国

(95) 號   (96) 樂   (97) 禮

11 다음 물음에 답하세요.(98~100)

(98)  ㉠획의 쓰는 순서를 아래에서 골라 번호를 쓰세요.
① 네 번째　　② 다섯 번째　　③ 여섯 번째　　④ 일곱 번째

(99)  ㉠획의 쓰는 순서를 아래에서 골라 번호를 쓰세요.
① 두 번째　　② 세 번째　　③ 네 번째　　④ 다섯 번째

(100)  ㉠획의 쓰는 순서를 아래에서 골라 번호를 쓰세요.
① 두 번째　　② 세 번째　　③ 네 번째　　④ 다섯 번째

기출 및 예상문제 | 정답(5급)

1회

#	답	#	답	#	답	#	답	#	답
1	산업	31	하천	63	市民	95	学	25	병원
2	가결	32	이해	64	各自	96	発	26	위대
3	물가	33	중요	65	花草	97	区	27	정지
4	풍경	34	감정	66	國旗	98	③	28	강조
5	경쟁	35	고전	67	萬年	99	④	29	주택
6	환자	36	빌 축	68	和合	100	②	30	효과
7	어부	37	배 선	69	會社			31	초등
8	여행	38	모양 형	70	先山		**2회**	32	실패
9	현실	39	따뜻할 온	71	休校	1	허가	33	안내
10	숙제	40	물건 건	72	頭	2	관객	34	소원
11	도착	41	격식 격	73	孝	3	광장	35	양육
12	최소	42	뿌리 근	74	弟	4	신구	36	들 거
13	화재	43	생각 사	75	紙	5	정당	37	목욕할 욕
14	영웅	44	성품 성	76	聞	6	중죄	38	구름 운
15	전기	45	말 마	77	外	7	도시	39	낳을 산
16	매매	46	싸움 전	78	後	8	노동	40	차례 번
17	종류	47	맺을 결	79	秋	9	착륙	41	제목 제
18	세수	48	상줄 상	80	天	10	전망	42	지날 과
19	독창	49	알 지	81	③	11	체조	43	성품 성
20	고안	50	기다릴 대	82	⑥	12	인류	44	모을 집
21	변화	51	특별할 특	83	①	13	방법	45	찰 한
22	소비	52	마디 절	84	⑦	14	악재	46	부를 창
23	주말	53	고할 고	85	①	15	흉년	47	마칠 종
24	역사	54	찰 랭	86	④	16	재단	48	사라질 소
25	전시	55	더울 열	87	⑤	17	원료	49	나타날 현
26	야망	56	볼 관	88	⑨	18	특기	50	세울 건
27	우수	57	바탕 질	89	③	19	봉사	51	맡길 임
28	책임	58	복 복	90	④	20	선정	52	전할 전
29	석탄	59	全力	91	⑦	21	절약	53	귀할 귀
30	방위	60	世界	92	⑤	22	가옥	54	다스릴 리
		61	入口	93	①	23	우정	55	베낄 사
		62	住所	94	④	24	최고	56	호수 호

57	붉을 적	89	①	19	착발	51	정할 정	83	④
58	아침 조	90	④	20	어선	52	어질 량	84	①
59	電子	91	⑦	21	이성	53	가벼울 경	85	④
60	代表	92	①	22	사실	54	선비 사	86	⑥
61	科目	93	④	23	의원	55	재물 재	87	⑦
62	外食	94	⑤	24	흑백	56	향할 향	88	⑧
63	公開	95	万	25	승패	57	아름다울 미	89	①
64	靑天	96	対	26	병환	58	다툴 쟁	90	③
65	來日	97	気	27	전설	59	午後	91	⑥
66	便紙	98	③	28	탁구	60	自然	92	②
67	信用	99	④	29	교양	61	表現	93	③
68	平生	100	③	30	원인	62	公園	94	⑥
69	根本			31	졸업	63	平和	95	会
70	多幸		**3회**	32	매주	64	開放	96	画
71	親舊	1	경기	33	수석	65	登校	97	読
72	洋	2	의견	34	사고	66	科學者	98	③
73	安	3	도덕	35	지식	67	地下	99	①
74	先	4	약국	36	칠 타	68	祖上	100	④
75	記	5	과실	37	굽을 곡	69	光明		
76	愛	6	단속	38	몸 기	70	反對		**4회**
77	學	7	선악	39	머무를 정	71	同窓	1	가열
78	上	8	낙엽	40	물건 품	72	高	2	선거
79	出	9	요약	41	이로울 리	73	重	3	덕담
80	右	10	기차	42	어제 작	74	民	4	전쟁
81	④	11	독립	43	찰 랭	75	語	5	전개
82	①	12	길흉	44	뜰 정	76	近	6	가격
83	⑥	13	분량	45	반드시 필	77	足	7	패배
84	②	14	영해	46	사라질 소	78	夜	8	개량
85	③	15	재해	47	기약할 기	79	強	9	약속
86	⑤	16	교류	48	순할 순	80	朝	10	관객
87	⑦	17	조사	49	으뜸 원	81	①	11	철마
88	⑥	18	상점	50	길 로	82	②	12	거래

기출 및 예상문제 | 정답(5급)

#	답	#	답	#	답	#	답	#	답
13	재건	45	신하 신	77	男	7	합법	39	변할 변
14	물건	46	성품 성	78	言	8	결과	40	맺을 약
15	건실	47	맡길 임	79	近	9	경치	41	전할 전
16	법전	48	구름 운	80	樂, 甘	10	욕실	42	물건 품
17	방안	49	고을 주	81	④	11	경로	43	다툴 쟁
18	곡선	50	둥글 단	82	①	12	경기	44	머리 수
19	시종	51	나그네 려	83	⑤	13	순서	45	헤아릴 료
20	의식	52	살 매	84	⑩	14	작곡	46	고할 고
21	변질	53	법 규	85	④	15	공과	47	나그네 려
22	해류	54	병사 병	86	⑧	16	주관	48	신선 선
23	기본	55	허락할 허	87	⑥	17	실사	49	언덕 원
24	재산	56	채울 충	88	②	18	구명	50	꾸짖을 책
25	노사	57	그칠 지	89	⑥	19	독도	51	수컷 웅
26	광교	58	아이 아	90	①	20	한랭	52	세울 건
27	수도	59	場外	91	④	21	질량	53	말씀 담
28	과제	60	感動	92	①	22	최초	54	마칠 종
29	사념	61	先後	93	⑤	23	요령	55	생각 념
30	기대	62	明月	94	④	24	유동	56	값 가
31	구급	63	東風	95	体	25	상대	57	고칠 개
32	어구	64	信用	96	医	26	축복	58	착할 선
33	당락	65	對答	97	図	27	빙탄	59	食後
34	경례	66	天才	98	③	28	사기	60	家訓
35	영토	67	住民	99	③	29	우군	61	多幸
36	잎 엽	68	出入	100	③	30	출산	62	新聞
37	으뜸 원	69	人命			31	선명	63	神話
38	결단할 결	70	死活	**5회**		32	양어	64	地圖
39	쌓을 저	71	速度	1	가속	33	천재	65	朝夕
40	가장 최	72	運	2	의사	34	온정	66	野球
41	완전할 완	73	石	3	객석	35	소화	67	注油
42	홀로 독	74	光	4	거수	36	억 억	68	利用
43	예 구	75	族	5	안건	37	흉할 흉	69	失禮
44	바랄 망	76	利	6	규격	38	기약할 기	70	公園

71	科目
72	計
73	信
74	成
75	等
76	美
77	問
78	重
79	白
80	來
81	②
82	①
83	⑤
84	⑥
85	①
86	④
87	⑧
88	⑤
89	⑦
90	④
91	①
92	②
93	①
94	⑤
95	号
96	楽
97	礼
98	④
99	②
100	①

이수철

■약력
- 성균관대학교 사범대학 한문교육과
- 공주대학교 교육대학원 국어교육과
- 현 한영고등학교 교사

■저서
- 『제7차 교육과정 고등학교 漢文』 교과서/지도서(공저) - 正進出版社
- 『大入 學力 漢文』
- 『中國史로 풀어본 故事成語』
- 『2007 지름길 수능한문』

재미있는 원리로 배우는
한자능력검정시험 5급

편저자 이수철
발행인 박해성
발행처 정진출판사

초판 1쇄 발행　2007년 7월 10일
　　 7쇄 발행　2022년 3월 15일

주소　서울특별시 성북구 하월곡동 10-6호
전화　(02) 917-9900(代)
Fax　(02) 917-9907
E-mail　JJ1461@chollian.net
Homepage　www.jeongjinpub.co.kr
등록일　1989.12.20
등록번호　제6-95호
ISBN　978-89-5700-070-0　*13710

정가 8,000원

Copyrights ⓒ2007, 正進出版社
출판사의 허락 없이 이 책의 일부 또는 전부를 무단 복사·복제·전재할 수 없습니다.
*잘못 만들어진 책은 구입하신 서점에서 교환해 드립니다.

정진출판사 한자학습서 안내

재미있는 원리로 배우는
한자능력검정시험 시리즈(전 5권)

쏙쏙 머리에 들어오는 한자, **척척** 붙는 한자능력검정시험!

- 컴퓨터로 분석한 출제빈도 높은 활용어 정리
- 한눈에 들어오는 짜임새 있는 편집 체재
- 재미있는 한자의 구성 원리를 그림과 함께 해설
- 한자를 쓰면서 익힐 수 있도록 연습란 구성
- 기출 및 예상문제 5회분 수록

재미있는 원리로 배우는 **한자능력검정시험 8.7급** | 국배판 104면

재미있는 원리로 배우는 **한자능력검정시험 6급** | 국배판 112면(6급Ⅱ 포함)

재미있는 원리로 배우는 **한자능력검정시험 5급** | 국배판 120면

재미있는 원리로 배우는 **한자능력검정시험 4급** | 국배판 184면(4급Ⅱ 포함)

재미있는 원리로 배우는 **한자능력검정시험 3급** | 국배판 256면(3급Ⅱ 포함)

正進出版社 www.jeongjinpub.co.kr